新　潮　文　庫

プリズン・ガール

—アメリカ女子刑務所での22か月—

有　村　朋　美　著

新　潮　社　版

8493

はじめに

囚人失格な私の獄中記

私がニューヨークで出逢《であ》い、好きになった男性はロシアン・マフィアで、マンハッタンきっての大物ドラッグ・ディーラーでした。

恋人同士になってから一年後、彼は逮捕されて、私もドラッグ密売組織に関係したと疑われ、FBIに逮捕されました。

そして、司法取引きを拒否した結果、私は懲役二年の有罪判決を受け、アメリカ合衆国連邦刑務所および州刑務所に収監されました。

そのとき、私は二四歳でした。

私が入った連邦刑務所は、まるで、もうひとつのアメリカ合衆国でした。さまざまな人種や民族の人たちがいて、

私も含めて、多くの外国人の囚人がいて、
刑務所なのに、妙に自由があったりもして、
けれど、とても危険で、ある意味、毎日がサバイバル状態……。

たとえば、私の刑務所仲間は、こんな女性たちでした。
懲役五七年のアフリカン・アメリカンのギャング。
懲役二〇〇年のドラッグ・ディーラー。
集団で三五人を殺害したプエルトリカン・ギャング。
チャイニーズ・マフィアの女ボス。
斧《おの》で五人の頭をたたき割った、白人のおばさん。
身長二メートル近い、性転換したオカマの人。
体重二〇〇キロのケンカっ早い懲罰常習者。
ＡＩＤＳで末期ガンの二〇歳の女の子……。

そして、そんなとか、たったひとりの日本人の囚人だった私は、
自らの罪の反省や、きちんと服役すること以上に、

「どうやって、毎日を生き抜いていこうか」

ということばかり考えていました。

そういう意味では、まったくの囚人失格だったと思います。

ただ、そんな囚人失格の私ですが、
目の前の出来事から逃げだすことだけはしなかったつもりです。


これは、囚人失格な日本人の私が書いた「アメリカ刑務所獄中記」です。

そして、私も含めた囚人たちの「もうひとつのアメリカの物語」です。

名前などは仮名にしていますが、それ以外は事実を正直に記しています。

私や囚人仲間の感情に嘘《うそ》をつかずに、ひたすらストレートに書きました。

読んでください。

目次

プリズン・ガール

―アメリカ女子刑務所での22か月―

企画・構成協力　藤井良樹
挿画　落合恵

第一章

ＮＹ、マフィアの恋人、そして私はＦＢＩに逮捕された

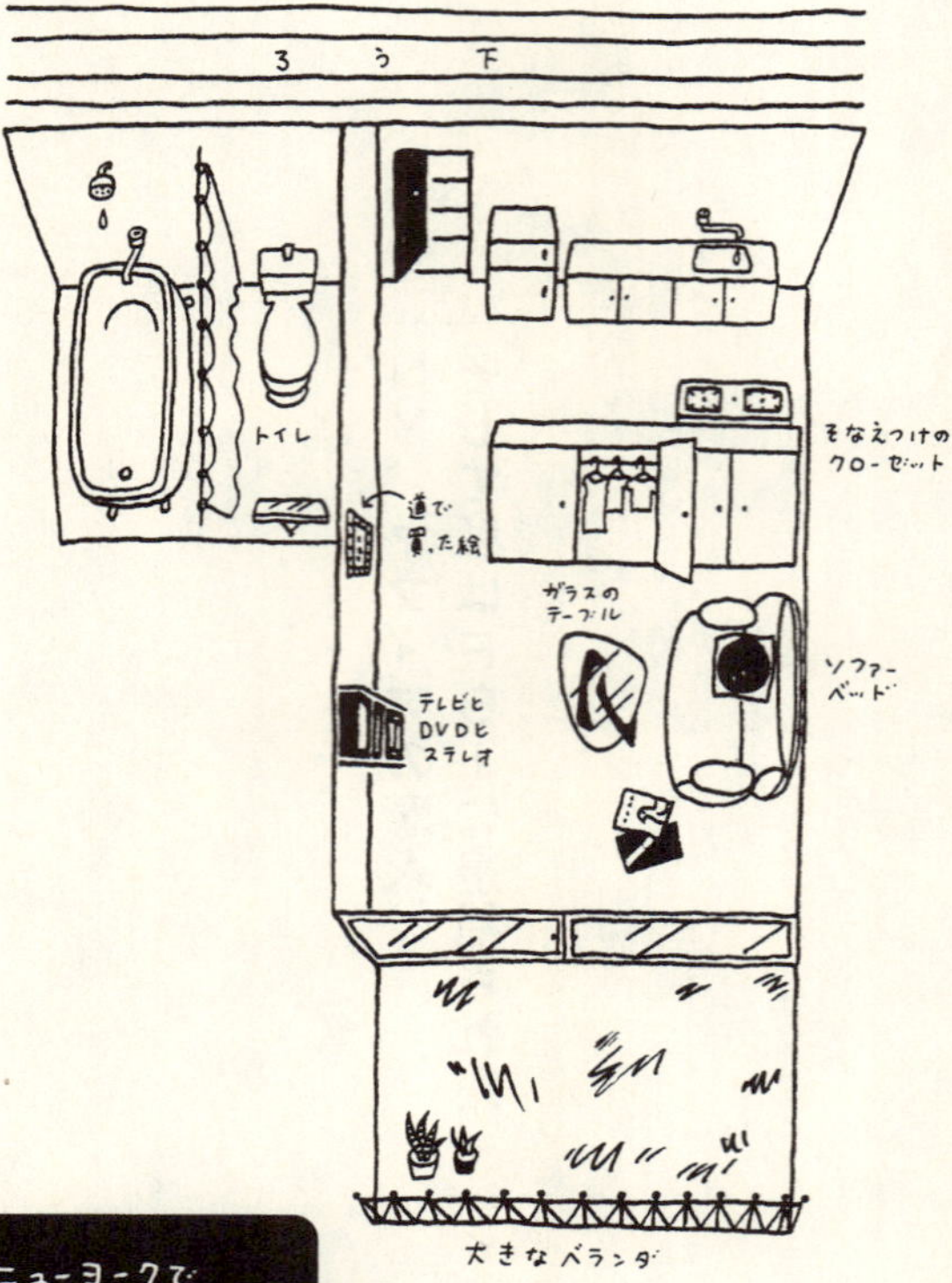

ニューヨークで
最後に住んだ
部屋
（ここで逮捕された）

逮捕

一月一日、午前五時のニューヨーク。

私は、玄関のドア越しに聞こえてくる不審な物音で目を覚ました。

私が借りている20thストリート・パークアベニューのアパートメントは比較的治安のいい場所にあって、ドアマンも常駐しているので、こんな早朝に誰かが勝手にドアの前まで入ってくるなんてことはない。

「誰、こんな時間に？　まさかアレックスじゃないよね？」

一瞬私は、恋人のアレックスのことを想《おも》った。彼とは、ここ二週間ほど連絡が取れなくなっていて、そのことは私の気持ちを暗くしていた。ただ、アレックスだったら、直接部屋に来るなんてことはせずに、まず電話をかけてくるだろう。それとも、もしかしたら彼の身に何かがあって、彼の友だちがそれを伝えにやってきたのかもしれない。

とにかく確認しようと、眠い目をこすってドアスコープをのぞいた瞬間、激しい声とノックの音が私を襲った。

「警察だっ！　ドアを開けろっ！」

ドアスコープの向こうに捜査官らしき男性たち数人が見えた。足がすくんだ。

「繰りかえす！　警察だ！　早くドアを開けないか！」

あと一秒でも躊躇《ちゅうちょ》すればドアを壊して入ってきかねない威圧感のある怒鳴り声に、私は素直にドアを開けるしかなかった。

ドドドドドッ！　六、七人の捜査官たちがいっせいに部屋に上がりこんでくる。全員が手に拳銃《けんじゅう》を握りしめている。ニューヨークに暮らして二年になるけれど、銃を突きつけられたのも、本物の銃をそんな至近距離で見たのも、初めての経験だった。

「武器はもってないか!?」

鋭い目つきで捜査官がいう。必死で首を横にふる私。

「ならば、部屋のどこかに武器を隠していないか!?」

もう一度私が首をふると、捜査官たちはようやく拳銃を下に降ろし、代わりにＩＤ（身分証明書）を目の前に突きだした。ＩＤには、ＦＢＩ（連邦捜査局）と書かれてある。

「なぜ私たちが来たのか、わかっていますね？」

少しだけ表情をやわらげた捜査官にそう聞かれた私は、とりあえず、「はい」と返事をした。私にとって警察沙汰《ざた》になるようなことといえば、アレックス絡《がら》みのこと以外に考えられない。きっと彼が何かで逮捕され、その関係で私の部屋に家宅捜索にでも来たんだろうと思った。だから、このときの私はまだ、捜査官たちに部屋のなかをぐちゃぐちゃにされたらイヤだなぁくらいのことしか心配していなかった。家宅捜索は、クローゼットや机の引き出しを開け、なかを軽く見る程度で、ほんの数分であっさり終わった。当然、あやしい物など何もない。

よかった、荒らされなくて……。そう安心した直後に、捜査官のひとりが「英語は理解できるか？」と聞いてきた。「理解できます」と答えると、彼は一枚の用紙を取りだし、いきなり読みあげはじめた。えっ、いったい何を読んでるの？　家宅捜索許可の令状か何かかな？

でも、捜索は今終わったはずなのに。

「アレックス・イヴァニコフのドラッグ・ビジネスに関与した疑いであなたを逮捕します」

一瞬、何をいわれたのかわからなかった。

アレックスがロシアン・マフィアであることは、彼の口から直接聞かされていた。彼の組織での仕事がドラッグ・ディーラーであることも知ってはいた。ただ、彼のビジネスを手伝ったことなんて一度だってない。私は学生ビザでニューヨークに暮らしている二四歳の日本人女性で、日本食レストランでアルバイトしていて、今まで一度だって警察のお世話になったことなんてないし、ロシアン・マフィアの犯罪になんか関わっているわけがない。ちょっと待ってよ……！

だが、そんな反論を試みる間もなく、捜査官は次なるショックな言葉を銀色の輪っかと共に私に突きつけた。

「両手を前に出しなさい」

ガチャッ、ガチャッ。冷たい音、冷たい感触。私の両手首に手錠がはめられる。

「連行する。そのままゆっくり歩きなさい」

手錠をかけられ、ＦＢＩ捜査官に囲まれアパートの廊下を歩く私を、いつもは愛想のいい顔見知りのドアマンが、ものすごく険しい顔で見ている。

「ちがうんだよ！　これは何かのまちがいだよ！　私は犯罪者じゃないよ！　ちがうからね！」

そう叫びたかった。でも叫べなかった。私を乗せた覆面パトカーは朝六時の寒く冷たいニューヨークの街をダウンタウンの方向へ走りだした。

連行されたDEA（全米麻薬取締局）の取調室で捜査官は、まずそう聞いてきた。

「あなたとアレックスの関係は？」

「恋人です」

そう、はっきり答えた。ただそんなことよりも私は、なぜ自分が逮捕されたのか、その理由を早く教えてほしかった。でも、捜査官が次に話しだしたのは、私の逮捕とは直接には関係のない話だった。けれどその内容は私にとってものすごく衝撃的なものだった。捜査官は、いきなり、こんな言葉をぶつけてきたのだ。

「アレックスに、あなた以外にも複数の女がいることを知ってるか？」

はぁ!? 知らない、知ってるわけないじゃん！ いったい何いいだすの、このFBIのお兄さんは！ しかし、捜査官は私の動揺をよそに言葉を続ける。

「まず、奴《やつ》は中国人女性と結婚していて、ふたりの子どもがいる。奴の子どもだ。そのほかに若い愛人もいて、その女性は現在妊娠中だ。これは我々が捜査した、厳然たる事実だ。証拠のビデオも撮影してある」

「…………！」

これを聞かされたときのショックの大きさを、本当にどう表現したらいいだろう。ほんの十数分前に、自分の部屋のなかで突然逮捕され、両手に手錠をかけられたことなんかよりも、ずっとずっとずっと、そう、本当にずっとショックだった。手錠をかけられた直後だって、私はぼーっとなる頭のなかで必死に、

(アレックスも逮捕されてるんだ、彼のほうがもっとつらいだろうな、私は彼の恋人なんだから、こんなことに巻きこまれても、覚悟を決めてがんばるしかないよね……)

なんて考えていたのだ。

なのに、そのアレックスが私を裏切っていただなんて！

心と体が真っぷたつに切り裂かれた気がした。心の底までが痛かった。今までに経験したことのない痛みだった。

捜査官は続けた。

「アレックスがいかに女たらしのひどい男かわかっただろう？　奴はニューヨークのドラッグ・ディーラーのなかでも指折りの大物だ。捜査に協力してくれるね？」

私は尋問されるがままに、アレックスについて話した。

今ふりかえれば、あれは取り調べにおいて、私に素直に吐かせるためのひとつの作戦だったんだろうと思う。ただ、アレックスの女性関係についてはすべて事実だった。

私はあのときの気持ちを、これからずっと忘れられないだろう。

ＦＢＩに手錠をかけられることもつらい。けれど、愛する人から裏切られることは、そんなことすらどうでもよくなるくらいに心が痛むということを知った、あのときの気持ちを。

そんなの、一生知りたくもなかったけれどね……。

アレックス

アレックスと私の出会い。

それは約一年前にさかのぼる。

その夜の私は気分がよかった。昼間、イーストビレッジのヘアーサロンでカットしてもらった髪形がすごく気に入っていたし、ソーホーのブティックで買ったばかりのD&Gのスカートも、なんだかとても似合ってるみたいだし。セカンドアベニューにある日系のカラオケバーに日本人の友だちと繰りだして、日本語で歌いまくって、久しぶりに大はしゃぎしちゃってた。カラオケはニューヨーカーたちにも人気があって、その夜も一組の白人客がいた。

私がたぶん、安室奈美恵《あむろなみえ》ちゃんの曲を歌っていたとき、その白人客のなかのひとりの男性が手をふってきた。金髪で目が青くて背も高そうな、かなりハンサムな男だった。

（へへへ、今日はいつもよりきれいにしてるから、オトコ受けがいいね！）

な～んて思った私は、調子に乗って手をふりかえした。

そうしたら、私がトイレに立ったとき、なんとそのイケメン君が声をかけてきた。

「僕はアレックスといいます。今度ぜひ、君とお話ししたいから、よかったら電話をくれないかな」

そういって彼は、携帯電話番号を書いたメモをわたしてきた。ヒールを履いている一六五センチの私よりも頭ひとつ高いから、きっと身長は一八〇センチ以上あるんだろう。きれいな青い瞳《ひとみ》で上からまっすぐ見つめられてドキドキしてしまった私は、彼のメモと交換に、つい、自分の部屋の電話番号も教えてしまった。

席にもどってから、簡単に電話番号を教えてしまったことをちょっぴり後悔した。

ニューヨークでは、日本人女性は本当によくモテる。アメリカ人男性には、「彼女たちはおしとやかで控えめだ」っていうジャパニーズガール幻想があるらしく、そのせいかどうか、私もよく声をかけられたりした。けれど、ニューヨークに暮らして一年以上たつけど、そんなナンパに応じて自分の電話番号を教えたのは初めてだった。

まぁ、でもいっか。電話がかかってこないかもしれないし、もしかかってきても適当に無視すればいいんじゃん。

それからまたカラオケに熱中して、自分のアパートメントの鍵《かぎ》を開けたときには夜一二時をまわっていた。ジリリッ！　部屋の明かりをつけたのと同時くらいに電話が鳴った。あの彼、アレックスからだった。

「ハーイ。もしよかったら、今から僕のアパートメントに遊びにこないか」

彼の住所は、私の部屋から四ブロックも離れていない場所らしい。私は、ごめんなさい、もう今夜は遅いから……と断りながら、(もし、もう少し早い時間だったら、遊びにいっちゃうのにな)なんて思ってることに、内心びっくりしていた。私って、そんなに金髪イケメン好きの軽いオンナだったっけ? なんて。

翌日、また電話がかかってきた。そして次の日も。また、その次の日も。毎日、毎日。

「どうしても君に会いたい」

アレックスの熱心さに、なぜか私は悪い気がしなかった。でも当時私には、きちんと交際している人がいた。ニューヨークで知りあったある商社の日本人駐在員の男性。彼はすでに東京へもどっていて、いわゆる遠距離恋愛なのだけれど、数か月後には私も彼のいる東京へ帰る予定だった。私よりもちょっと年上の彼は、「結婚できれば、いいよね」なんてことまでいってくれていた。

だから、根負けする形でアレックスからの電話の誘いにOKしたときも、私はひとりじゃなく、女友だちを同伴していった。それでもアレックスはいやな顔ひとつせずに、私たちに食事をごちそうしてくれて、楽しませてくれた。まだまだ英語が得意じゃなかった私に対して、身ぶり手ぶり一生懸命に話してくれる。単なるカッコイイ金髪お兄さんだと思ってたアレックスのことが、少しかわいく思えた。

そうして一度食事をしてからというもの、アレックスは毎日の電話に加えて、プレゼントまで贈ってくるようになった。それはきれいな花だったり、ちょっとしたかわいい小物だったり。何度目かのプレゼントの後、とうとう私は一対一のデートをOKしていた。

初めてのデートの場所は今でもはっきり覚えている。

「ロシアン・ティールーム」。あのヒラリー・クリントン女史のバースデイパーティーも開かれたという、ニューヨークでも有数の豪華レストランだ。ただの語学留学生の私にとって、初めて足を踏みいれるセレブな空間。プラダのスーツで決めたアレックスは、紅《あか》い薔薇《ばら》の花束を抱えて出迎えてくれた。そして、完璧《かんぺき》なエスコート。日本人男性とのデートしか経験のなかった私には、新鮮な驚きの連続だった。でもその夜、本当にアレックスを好きになってしまいそうだった私は、最後に正直にこう打ちあけた。

「私には日本に恋人がいるの。その人は、結婚しようっていってくれている。だから私は、もうあと三か月もしたら、日本に帰らなきゃならない」

　ずっと笑顔だったアレックスが、少し哀《かな》しい表情になった。私も少し、胸が痛んだ。

「そうなのか。だったら、あと少ししかいられないニューヨークで、たくさんのいい思い出を作らなきゃね。僕でよかったら協力するよ」

　アレックスはそういい、それからも、何度も素敵なデートに誘ってくれた。私も、残り少ないニューヨーク生活を楽しんじゃおうなんて思って、アレックスの好意に甘えていた。

　彼は恋人じゃないけれど、ニューヨークでできた最初で最後のニューヨーカーのボーイフレンドだから……、なんて。そして、あまり真面目《まじめ》じゃなかった語学留学生の私は、アレックスと知りあってから、見ちがえるほどに英語が話せるようになっていった。

　同時に、このニューヨークが、なんだか少しずつ自分の街になっていくように思えた。

ニューヨーク・デイズ

そもそも私は、何か明確な目的をもってニューヨークにやってきたわけじゃなかった。

東京で生まれ育ち、普通の女子高を卒業した私は、大学進学に失敗して一年間浪人した後、結局、大学をあきらめて、あるアパレルメーカーに就職した。

そこで配属された販売員の仕事は、人と接するのが好きな私には向いていたし、気に入った洋服を着て働ける環境もあって、何も不満はなかった。お給料にしても、同年代の子たちにくらべれば、悪くなかったし。

そんな私とニューヨークのきっかけを作ってくれたのは、浪人時代のアルバイトで仲よくなり、親友になった二歳年上の美由紀ちゃんの存在だった。美由紀ちゃんは私と知りあった当初から、「いつかはニューヨークに行きたい。ニューヨークで暮らしてみたいんだ」と熱く語っていた。

二年後、美由紀ちゃんはついにニューヨークに旅立っていった。でも、そのころの私には、外国で生活することなんてぜんぜんピンとこなかった。言葉も通じないし、治安だってよくないって聞くし。それに、ニューヨークなんてベタすぎるじゃんって。それだったら東京で、好きな洋服を着て、それなりにがんばって仕事をこなしながら、気の合う友だちと、クラブなんかで気ままに遊んでるほうが絶対楽しいに決まってると思っていた。

でも美由紀ちゃんがニューヨークへわたってから数か月後のこと。社内のブランド異動で移った部署の上司と折りあいが悪くなった私は、「こんないやな思いをしてまで、この仕事にしがみつきたくない」と、あっさり退職届けを出してしまった。そうしたら、期待していなかった退職金が想像以上に多かった。

「ラッキー！　だったら、次の就職先を決めるまでに海外旅行でもしよっかな。こんなときじゃないとできないし。そうだ、どうせなら、美由紀ちゃんのいるニューヨークにしよう。部屋に泊めてもらったらホテル代だって浮くし」

そうして私は、イーストビレッジの美由紀ちゃんのアパートメントに転がりこんだ。かなり適当な、軽いノリだった。だけどニューヨークと、そこに暮らす人たちは、そんな私にいろんな刺激を投げかけてきた。

まず、美由紀ちゃん。日本にいたときは、どこかのほほんとした女の子だったのに、ニューヨークではかなりちがって見えた。昼間はメイクアップアーティスト養成スクールに通い、夕方からはレストラン、夜はバーとアルバイトをかけもちし、夜遅く帰宅してからもメイクの資格を取得するための勉強に精を出す。当然、英語も話す。そんな美由紀ちゃんがちょっぴりまぶしく見えたりした。

美由紀ちゃんにくらべて私はどうだろう。大学進学も中途半端《はんぱ》にあきらめて、好きだったアパレルの仕事もあっさり辞めてしまっている。もっと思いおこせば、三歳からプロの演奏家を目指して打ちこんでいたクラシックピアノも、一六歳で挫折《ざせつ》している。

こんなこと、日本にいるときは考えたこともなかったけど、私って何を目的に生きてるんだろう。あるとしたら、私の夢ってなんなんだろう……。

ニューヨークには美由紀ちゃんだけでなく、何かを目指してがんばっている、私と同世代の日本人がたくさんいた。ブルックリンの廃工場を借りあげて、自分たちの手でギャラリー兼スタジオに改造し、そこで共同生活している男の子たちがいた。彼らはカメラマンやミュージシャンやドロウイング・アーティストの卵たちで、かなり貧乏だけど、一生懸命に夢を追いかけているその姿は、ちょっと格好よかった。

ほかにも、ダンサーを夢見て、レッスン代を水商売で稼いでいる女の子もいれば、昼間はコックとして働き、夜はＤＪ目指してクラブめぐりに励む男の子もいた。美容師として一本立ちし、マンハッタンでも有名なヘアーサロンで売れっ子になっている男の人もいた。その人なんかは、夢を現実にした数少ない日本人のひとりなんだろう。その美容師さんは、こんなふうなことも教えてくれた。

「夢をもってやってきても、そのうちただニューヨークにいるだけで満足して、適当に日本食レストランでバイトしてるだけの日本人だって多いんだよ」

そうかもしれない。でも私には、「ニューヨークにいたい」という目標があるだけでも、なんかいいよね、と思えたりした。だって、その頃の私には、そんな夢さえなかったから。


それから数か月後。

一度日本にもどり、五年間有効の学生ビザを取得した私は、ふたたびニューヨークにいた。

今度は観光客ではなく、この街で生活する者として。

最初に借りた部屋はハーレムに近いアップタウンのワンベッドルームで、家賃月四〇〇ドル。その後、何度か引っ越すけれど、これが二二歳にして初めてのひとり暮らしだった。語学学校に通いながら、日本食レストランでアルバイトも始めた。ただ最初のころは本当に英語が話せなかった。

風邪をひいて、薬をドラッグストアに買いにいったときなんか、風邪薬をどういっていいのかわからなくて、必死でジェスチャーで、「私、熱ある、咳《せき》が出る、だから、薬ほしい」なんて店員さんの前でやってたら、他の買い物客の白人や黒人のおじさんとかが集まってきちゃって、「ん？　頭、熱い？」「そう、それ！」なんて、ジェスチャー大会になったこともあったくらい。

そんな感じで、ニューヨークの人たちは英語がしゃべれない私にもかなりやさしくて、たとえば、流行のテンガロンハットをかぶって街を歩いてたりすると、お兄ちゃんやおじさんたちの誰かが必ず、「バンバン！」なんて拳銃《けんじゅう》を撃つ真似《まね》をしてくる。それで私が、「うッ！」とかやられたふりをしたら、すごくウケてくれて。そんなちょっとしたノリが妙にうれしかった。

けれど、私がニューヨークに暮らす楽しさや刺激に、本当にのめりこんでいったのは、やっぱりアレックスが目の前に現れてからだったと思う。

アレックスと出会ったとき、恋愛関係になるつもりは本当になかった。

彼にも最初のふたりきりでのデートで打ちあけたように、そのときの私には、お互いに結婚を意識してつきあっている日本人の恋人がいた。

大手商社の駐在員としてニューヨークに赴任していた彼、冬木さんは、幼稚舎からストレートで有名私立大学へ進んだお坊ちゃんで、大学ではラグビー部の選手だったりもして、まさにエリートだった。世間的に見れば、結婚相手としては申し分のない人。

冬木さんと出会ったのは、日本食レストラン。その後、日本人が集まるバーで何度か顔を合わせるうちに、自然と親しくなっていた。

三〇になったばかりの独身エリート商社マンの彼と、私みたいな、「クラブで一晩中踊るのが好き」みたいな若い女の子。東京だったら、無理やり合コンでもやらなければ、出会わないだろうふたり。けど、ニューヨークの日本人社会は広いようでせまく、ただこの街で暮らしている同じジャパニーズというだけで、知りあいになれてしまう。

だから、彼とつきあいはじめたころ、「せっかくニューヨークにいるのに、日本人がいる場所ばっかりにいてもつまんないなって思ってたけど、こんな素敵な男の人を彼氏にできたんだから、いいよね！」なんて思っていた。

交際して半年がたち、冬木さんがニューヨーク支社から東京本社へ異動になっても、私たちの関係は壊れることなく、遠距離恋愛として続いた。

東京からかけてくる国際電話の最後に彼はいつも、「いつ日本へ帰ってくるの?」と聞いてきた。彼にしてみれば、私はニューヨークで大学に通っているわけでも、特別な仕事についているわけでもないのだから、早く帰ってきちゃいなよ……ってことだろう。

私だって、そう思わないでもない。彼に会いたい気持ち、一緒にいたい気持ちはある。けどもし今、日本に帰ったら、本当に本格的に、結婚を前提としたおつきあいになるんだろうなって、どうしても考えてしまう。そして一年後とかには、あの人の奥さんになるんだろうなって。それってどうなんだろう。私は本当に、それを望んでるんだろうか。

結局いつも、「あともう少しで帰るけど、まだもうちょっとだけニューヨークにいさせて」といって電話を切る私だった。

ニューヨークに住みはじめて二年足らず。それなりに楽しい毎日だけど、まだ何もつかめていないような気もする。まだまだ、私はニューヨークのお客さんなのだった。このまま去ってしまうのは、なんだかやっぱりさびしい。

アレックスに電話番号を教えてしまったのは、ちょうどそんな気持ちを抱えているころだったのだ。

いけない女かもしれないけど、アレックスとのデートは本当にいつも楽しかった。

彼は毎回、何かしら、私を驚かせてくれた。三か月先まで予約がいっぱいの有名レストランに平気で席を取ってくれたと思ったら、「知りあいからちょっと借りてきたよ」って、いきなり赤いフェラーリを運転して現れたり。ある朝なんて突然、白と赤の宅配トラックで私のアパートメントの前に乗りつけてきて、こういう。

「トモミはソファーをもってないっていってたろ？　今からニュージャージーのデカい家具問屋に連れてくから、好きなのを選びなよ。それをこのトラックに積んで、夜には君の部屋のソファーでふたりでコーヒーを飲もう！」

私の部屋にソファーがないのは、あと少しで日本へ帰るんだから買っても仕方ないと考えていたからだった。だけど、配達員気どりで無邪気にハンドルを握るアレックスを見て、思わず、「ありがとう。ソファー欲しかったんだよね。それに私、ニュージャージーで買い物するの初めてかも。うれしい！」と答えてしまう私だった。

アレックスと一緒にいる時間が、だんだんだんだん増えていく。そして、アレックスと過ごす日々がとても愛《いとお》しく思えてくる。

だけど、それと同時に、彼がいったい何者なのかがとても気になってきた。

アレックスって、いったい何をしている人なんだろう？　洋服はいつもプラダ・スポーツとかグッチとか、おしゃれな高級ブランドを身につけている。時間があればスポーツジムに通って、体も鍛えているみたい。たぶん、かなりお金持ち。

私が、「プラダの靴が好き」といったら、何足もプレゼントしてくれた。それはタグのついた正規品だったけど、なぜか箱はなく、裸のままだった。レストランでのデートでお金を払うとき、クレジットカードは一切使わず、すべて現金で支払っている。ニューヨークではふつう、絶対ありえないはず。どんなお金持ちでも、そんな高額な札束をもちあるくような危険なことを好んでする人はいない。英語を流暢《りゅうちょう》に話すけど、生まれたのはアメリカじゃないっていっていた。

独身で、妹と二匹のエジプシャン（体毛のない、とても高価な猫らしい）と一緒に暮らしているらしい。妹はグリーンカード（永住権）をもっているそうだ。

最初のころ、一度、聞いたことがある。

「ねえ、いったい何の仕事をやってるの？」

「僕？　ロシアン・マフィアさ」

そのとき、私が「またまたぁ、アレックスったらぁ……」って感じで笑うと、彼も軽く笑いかえしたから、当然ジョークだろうって思っていた。

ある夜、もう一度、同じ質問をした。

「だから、俺はロシアン・マフィアだっていってるだろ。アレックス・ギャングスター」

そういって、また笑う彼。

私は笑えなかった。なぜなら、もうそのころには、本気でアレックスが好きになりそうだったから。

だから私は、真剣に聞いた。あなたについて、本当のことを隠さずに教えてほしい、と。

アレックスは話してくれた。

俺が生まれたのは、旧ソビエト連邦の首都、モスクワだ。

世界が激しく動いた一九八九年に両親と別れ、妹とふたりきりでアメリカへ渡ってきた。

ロシアン・マフィアのボスに拾われて、最初はカリフォルニアの西海岸で武器の密輸などを必死でこなした。それが認められ、闇《やみ》金融の大きな仕事を任されるまでになった。

だけど、その後、大きなミスをやらかして、ドラッグ・ビジネスへまわされた。今はニューヨークを拠点に、東海岸全域のドラッグ・ディールを担当している。コカイン、ヘロイン、エクスタシー、マリファナ。麻酔薬から豊胸剤まで。違法で金になる薬物なら何でも扱う。顧客には、有名なミュージシャンやセレブの娘だっている。

けど本当は、ドラッグ・ビジネスはもうやりたくない。

ドラッグは人間を簡単にダメにしちまう。トモミもマリファナ吹かすくらいならいいけど、ヘロインなんか絶対やっちゃダメだぞ。

俺は時期を見て、また金融へカムバックするつもりだ。ドラッグ・ディーラーなんて、長くやる仕事じゃない。

もし俺がアメリカ人に生まれてたら、マフィアになんか、なってないさ。

せめてイタリア系移民だったら、もう少しマシな仕事に就いてるはずさ……。

アレックスの赤裸々な告白に、私はどう応《こた》えていいかわからなかった。

彼も私も、何かを求めて自分の生まれた国からアメリカへ、このニューヨークへやってきた。

けど私と彼はあまりにちがいすぎる。

「アレックスは、自分の国が崩壊して、生きのびるためにアメリカへ来たんだね。すごいよ。私なんかとはぜんぜんちがう……」

かろうじてそんなことをしゃべった私に、アレックスはやさしげな笑顔を浮かべて、こういった。

「すごくなんかないよ。俺はソビエト連邦なんて何も信じてなかったし、アメリカも、ニューヨークだって信じちゃいない。ただ、今こうやって、この街で生きのびてるだけ。トモミだって、そうじゃないのか？」

うん。そうかもしれない。でも、ひとつ、ちがう。私がニューヨークにいるのは、ただいるんじゃなくて、たぶんきっと、アレックスがいるから。そう思った。

そう思えた自分が、なぜかうれしかった。彼が本物のロシアン・マフィアだってことが判明したショックも、このときは、そのうれしさがやわらげてくれるような気がした。

ただ、それからだって、「アレックスとは、もう逢《あ》わないでおこう」と何度決心したかわからない。

どう考えてもマフィアの人間をボーイフレンドにしてるなんて、絶対にふつうじゃない。

そして、コカインやヘロインなどの違法なドラッグが、この国でどれほどの人々を苦しめているか。また、それらの縄張り争いや取引きのトラブルで、どれほどの人間が殺しあっているのか。私だって、まったく知らないわけじゃない。

ドラッグは恐ろしく、罪深いものだ。アレックスはそれをビジネスにしている許されない犯罪者だ。でも、でも、私はアレックスが好きだった。そういう意味では、私だって、許されざる者にちがいなかった。

冬木さんは、「いつ帰ってくるの？」という国際電話をかけつづけてくれていた。アレックスとのことは、異国でのちょっと刺激的な経験だったってことにしちゃって、東京にもどって、あの人とまたふつうの恋人同士になろう。そのほうが絶対いいに決まってる。何度もそう決心するくせに、やっぱりニューヨークを離れることができずにいる私だった。

そんな私に、ある日、いつになく真剣な顔のアレックスが、こう言葉を投げかけてきた。

「トモミは日本に帰らないのか？」

その話題を私が避けていたせいもあって、アレックスが帰国のことを聞いてくるのは初めてのことだった。私はとまどいながらも、正直に思うがままを伝えた。

「わからないよ。ずっと帰るつもりでいたんだけど、でも今は自分でもわからない……」

するとアレックスは、私が「わからない」といっているにもかかわらず、すごくうれしそうな表情になって、はしゃぐようにこういった。

「そうか！　トモミは僕のためにニューヨークにいてくれる気持ちがあるんだね！　やったあ！」

えっ、そうなんだ。アレックスも、私がニューヨークにいることをうれしく思ってくれるんだ。

このとき、迷走していた私の気持ちに、初めて答えが出たんだと思う。許されない回答だとしても、私は答えを出してしまったのだ。気がつけば、アレックスのことを、本当に深く愛してしまったという答えを。

理由はなかった。ロシアン・マフィアの男を愛してしまったことに、どんな理由をつけても嘘《うそ》くさくなってしまう。

ふりかえれば、今まで私がしてきた恋愛には、それなりの適当な理由があった。

それこそ、冬木さんならば、商社マンで、エリートで、結婚相手には申し分ないみたいな……。アレックスにしても、最初のころは、好きになる理由がいっぱいあった。かっこよくって、女扱いがうまくて、金髪で、背が高くて、やさしくて。

でも、それだけなら、やっぱり愛することはなかったと思う。

アレックスを愛してしまった理由は、今だってわからない。

彼を愛したために、刑務所にまで入った今だって、はっきりした理由はいえない。

ただ愛したから。それだけ。

冬木さんには、電話で別れを告げた。

ただ、この街で新しく好きな人ができたから、その人がいるから私はニューヨークにいたい……とは勇気がなくていえなかった。ましてや、その人がロシアン・マフィアだなんて。

でも、「ごめんね。あなたのために日本へ帰ることは、私にはできない」とだけは、はっきり伝えた。さようなら。本当にごめんなさい。

季節は秋になって、ハロウィンが近づいてきた。

アレックスと知りあったのは、去年のハロウィンの前だ。あのときはまさか、一年後に恋人同士になってるなんて思いもしなかった。今年のハロウィンはふたりでばっちり仮装して、仲よく写真を撮りたいな。ふたりで迎えるニューヨークの一周年を記念に残したいと思った。

なのに、もう一〇日間もアレックスと連絡がとれない。

これまでにも彼は、数日間いなくなることが何度かあった。後になって、「ロスで大きな取引きがあって」とか「大口の顧客にフロリダに急に呼びだされてね」とかの理由を聞かされるのだけれど、どうしたって不安になる。何しろ彼は、セールスマンでもエンジニアでもミュージシャンでもなくて、マフィアのドラッグ・ディーラーなのだから。

それでも、一〇日間も音信不通なんてことは初めてのことだった。数週間前、彼は、ぽつりとこんな言葉をもらしていた。

「警察にマークされているかもしれない」

そのとき、私は「だいじょうぶだよ、考えすぎだよ」と、わりと安易になぐさめた。

しかし、彼はこう続けた。

「警察にもっていかれるのだけは御免だ。ジェイル（監獄）は最悪の場所さ。一日で頭がおかしくなる。路上で撃ち殺されるほうがましだよ」

殺されるほうがましなんてこと、あるわけないじゃない！　そういいたかった。けど、いえなかった。ソ連から逃げて、アメリカでロシアン・マフィアになった彼にとって、警察に捕まるということがどれほど恐ろしいことなのか、私にはわからないから。ただ、自分の恋人が逮捕される場面も、ましてや撃ち殺される姿なんて、想像したくもなかった。

とてもいやな予感にさいなまれながら、一〇日前にあったきりの彼からの電話を、私は思いだしていた。ふだんほとんどお酒を飲まない彼が、その夜はめずらしく酔っているようだった。彼は、いきなり、こんなことを聞いてきた。

「Do you love me?」

俺のこと、愛してるか。

なんでそんなこと突然いいだすんだろう。でも、私は素直に答えた。

「うん、愛してる」

「そうか。今、友人と外で飲んでるから、後でまたかけなおす」

そういいのこして電話は切れて、その後、かかってくることはなかった。

その電話が、私とアレックスの、ニューヨークで交わした最後の会話になった。

その最後の電話からさらに一一日後、ひとりで過ごしたハロウィンの翌朝に、私はＦＢＩに逮捕されたのだった。

お父さんの死

ＦＢＩ捜査官による取り調べは続いた。

アレックスの裏切り――実は結婚していて、子どもまでいて、そのうえ私とは別の愛人までいたこと――を突きつけられて混乱する私に、捜査官たちはさらに質問をぶつけてくる。

「あなたはアレックスが荷物を送る際に何度かクレジットカードを貸したり、また、彼の荷物を自分で送ったりもしている。あの荷物の中身が何か知っていたか？」

「知りません」と正直に答えた。アメリカで宅配便を利用するにはクレジットカードが必要なのだが、アレックスはもっていないため、何度か私が貸してあげたことはあった。一度だけ、頼まれて荷物を送ったこともある。ただ、いつのときも、彼はこういっていた。

「この荷物は何でもない。トモミを僕のビジネスに巻きこむようなことはしないから」

嘘だった。大嘘だった。アレックスは私をだましていた。捜査官が、こういった。

「あなたが送ったあの荷物の中身は、一〇〇〇錠のエクスタシーだ」

送られた先は、インディアナ州最大のドラッグ密売組織の拠点。でもエクスタシー一〇〇〇錠はまだ少量のほうで、他にもっと大量のコカインなども私のクレジットカードで配送されているという。そのうえ、合鍵《あいかぎ》をもつアレックスは、私が留守の間に、私のアパートメントに大量のドラッグを保管したり、仲間との受けわたし場所にまでしていた。

つまり私が逮捕された容疑は、「犯罪組織による、州を横断しての大型麻薬取引きへの関与」という相当な重大犯罪なのだった。ゆえに、FBI（連邦捜査局）やDEA（全米麻薬取締局）が乗りだしてきているのだ。

三時間にわたった取り調べがいったん終わり、私は留置所に移された。まだ午前中だったので、プレーンドーナツ二個にコーヒーが朝食として出された。留置所のなかには小さなベッドとむきだしの便器。食欲なんてあるわけもない。だけど、落ちこんでると思われるのがしゃくで、無理やりドーナツを口に押しこんだ。

アメリカのドーナツ特有のお砂糖のじゃりじゃりした甘さが口のなかに広がる。そのとたん、私はボロボロ泣きだしてしまっていた。

涙って、本当にこんなに大粒でボロボロ出てくるものなんだ。

でも、何の涙なんだろう。逮捕された驚き？　これからの自分の運命への恐怖？

ちがう。やっぱり、アレックスに裏切られていたことへの、くやしさ、悲しさ、憤《いきどお》り。

それが涙の原因。じゃなかったら、絶対にあれだけの涙は出ない。

あのときの私の涙は、私がアレックスに送らされたエクスタシー一〇〇粒よりも絶対に多かったはずだ。

「あなたは今から、マフィアによる組織的ドラッグ・ビジネス犯罪の共謀者として訴えられることになります。これは重大な容疑で、重い罰が下る可能性がとても高い。もしかすると、あなたはこれより五年間は外へ出られないかもしれません」

午後になり、裁判所へ移送された私は、弁護士のおじさんが淡々と話すこんな内容を、ただ茫然《ぼうぜん》と聞いていた。その後、弁護士さんはこうもいった。

「まぁでも、アメリカの刑務所はそんなに悪いところじゃないですよ。いわば、大学の寮みたいなもんです。そう心配しないで」

はぁ!?　そんな刑務所どこにあるんだよ！

連邦刑務所も、州刑務所も経験した今現在の私なら、必ずそう突っこむだろう。しかし、このときは「これから五年間、もう外へ出られないかも」などとものすごいことを告げられても不思議と何も感じなかった。それほど、私は混乱していた。

午後遅くになって、私に仮起訴が下される。仮起訴処分となった私には、パスポートなどを取りあげられたうえでの仮釈放の権利が与えられた。

ただし保釈の条件は、「一〇万一〇〇〇ドルの保釈金」。

もしくは、「一〇〇〇ドルの保釈金＋保釈保証人二名」。

このどちらかを二日後までに用意できなければ、すぐさま拘置所へ収監となる。

でも、一〇万一〇〇〇ドル＝約一二〇〇万円なんて一日で用意できるわけがなく、「一〇〇〇ドル＋保証人二名」を選択するしかない。しかも保証人二名にも条件があって、学生などは不可で、万が一、保釈中に私が逃亡した場合、罰金五万ドルずつを支払えるだけの経済力と社会的地位がある人物でないと認められない。

私は、拘置所も覚悟した。自分としては犯していないと信じている罪で、誰かに負担を強いるのはいやだった。拘置所に入り、裁判を闘って、無罪を勝ちとろう。そう思った。だけど結局、アルバイト先の日本食レストランのオーナーの方たちが私の保証人を引き受けてくださり、私は保釈の身分になることができた。おふたりには感謝してもしきれないし、このとき、保証人を必死になって捜してくれた友だちの友情も忘れることはできない。

保釈されずに、そのまま拘置所に放りこまれることがどれほど苛酷《かこく》だったか。

刑務所を経験した今の私には、リアルに想像できる。

あのとき、ニューヨークの日本人の方々の助けがなかったら、私はどうなっていたかわからない。

本当に、本当にありがとうございます。

私の保釈生活が始まった。

一週間に一度、裁判所で保釈官の面談を受け、週二回、指定された診断所でのカウンセリングを義務づけられた。カウンセリングは保釈期間中の私の精神状態を管理するためだ。他に他州への移動制限などもあるが、基本的には判決が下るまで、通常の生活をしていてかまわない。

私を担当してくれたカウンセラーは、ミス・ホソノという三〇代半ばの日系の女性で、日本語が話せる先生だった。ホソノ先生は、「前向きに行きましょう。今後、あなたが何をしていきたいのか、一緒に考えましょう」といってくれた。

私は、裁判に勝って、ニューヨークに住みつづけることができたらという前提で、それまであまり人には話していなかった自分の密《ひそ》かな目標を打ちあけた。

「今通っている語学学校で満足なTOEFL（英語力検定）を取得し、ニューヨークのアート系の大学に進み、好きなファッションの勉強をしてみたい」と。

これは、アレックスにだって教えたことのない夢だった。そんな密かな夢が、こんな状態になって、初めて私のなかで動きだした。語学学校へきちんと通い、これまでちょっと不真面目《ふまじめ》だった勉強に真剣に取りくむことにした。アルバイトも今まで通り続けた。

忘れかけていた自分の夢、その実現へ向けて少しでも努力を続けようと決めた。それは到底無理な夢かもしれないし、まったく無駄な努力かもしれない。けど、それがどれだけはかない夢でも、愛していた恋人に裏切られ、重大犯罪容疑で逮捕された保釈中の被告である私にとっては、最後の大事な夢であることにちがいはなかった。

日本にいる両親には、逮捕され、裁判を待つ身であることを、とりあえず電話で知らせてはいた。驚いた母は、「今すぐにでもそっちに行きたいけど、ちょっと今は難しいかも……」と言葉を濁した。父の体の具合がよくないという。

実は、私の父は三年前に癌《がん》の宣告を受けていた。ただ、早期ということもあり、その後の治療も順調に進んでいたはずだった。だが、母の口ぶりからして、父の病状が悪化していることは容易に想像できた。

私を叱《しか》りつけることもせず、逆に、「ニューヨークへ行ってあげられなくてごめんね」とあやまる母に、私は、「そんなことないから。私は自分ひとりでがんばれるから。だいじょうぶだから。それよりお父さんを……」というしかなかった。父の癌の進行が早まったのは私のせいかもしれない。そう思うと、切なくて切なくて、やりきれなかった。

二か月後、母からの国際電話で、私はいちばん聞きたくなかったことを告げられた。

「朋美、気を落ちつけて聞いてね。お父さん、もうあまり長くないかもしれないの」

担当の医師から、長くてもあと数日の命と宣告されたと母はいう。

私は、数日間だけでも一時帰国させてくれませんかと、保釈官に必死でお願いした。たぶん無理だろうと思ったけれど、何もしないで父の死を待つなんて、私には耐えられなかった。すると意外なことに、保釈以来、欠かさず面談とカウンセリングを受けつづけていたことも考慮されたのか、裁判所は、帰国の許可を出してくれた。

約二年半ぶりに、私は日本の土を踏むことができた。

父は、病室のベッドに起きあがった状態で、空港から直行した私を出迎えてくれた。

母によれば、私に電話したときには半分昏睡《こんすい》状態で、明日にも……という容体だったが、「あと少ししたら、朋美が帰ってきますよ」と告げたとたん、奇跡的に意識を取りもどしたという。

痩《や》せて小さくなり、髪の毛も真っ白になった父。

私の顔を見たとたん、にっこりと笑って、ただひとこと、「おかえり」といった。

本当なら、いきなり張りたおされても仕方ない私に、精いっぱいの笑顔でやさしい言葉をかけてくれた父。父はそれから一二日間も生きてくれた。

告別式の二日後、裁判所との取り決めどおり、私はニューヨークにもどる機中にいた。

私は日本に滞在している間、一度も涙を流さなかった。

想《おも》いを残して逝《ゆ》く父にも、これからひとり日本に残すことになる母にも、弱気な私を見せて、これ以上の心配をかけるわけにはいかないと思っていたから。

けれど、飛行機が滑走路を走り、飛びたった瞬間、それまで張りつめていた気持ちが切れて、もう涙をこらえることができなくなってしまった。逮捕されたあの日、留置所でドーナツを口にしたとき以来のとめどない涙だった。自分が失ってしまったものの大きさに胸が押しつぶされるようで、もう、どうしていいのかわからなかった。

でも、絶望のなかでふと、父の病院の看護師さんの言葉が頭に浮かんできた。

看護師さんは、父についてこんなことを教えてくれたのだ。

「お父さんはね、私たちにいつも、あなたの自慢をしてたのよ。『朋美はきれいで気立てがよくて、とてもいい娘なんです』って」

ふだんから無口で、面と向かって私をほめるようなことはなかった父が、こんな私を、そんなふうに思ってくれていたんだ……。

私の涙は、少しだけ、うれし涙に変わった。そして、その涙がとまった後に、こう思った。これから、もっともっとつらいことがあるだろうけど、絶望してしまうことだけは絶対にしないでおこう――と。

私を「いい娘なんだ」といってくれた父のためにも。

有罪、そして司法取引き拒否

ニューヨークへもどった翌日、すぐに裁判があり、私は「本起訴」された。

これは、弁護士の予想通りだったけれど、アレックスからドラッグを買いつけて、周囲に売りさばいていた罪で逮捕されていた日本人が不起訴処分になっていたことを聞かされていた私は、少しだけ期待していた。「もしかしたら私も、起訴猶予《ゆうよ》処分とかにならないかな」なんて。

やはり、そんなに甘くはなかった。こうなったら、正面から裁判で闘うしかない。

逮捕され、仮起訴された後、私は弁護士から、「今のあなたには三つの選択肢があります」と聞かされていた。それは、アメリカの刑法に則《のっと》ったこういう選択肢だった。

(1)無罪を主張し、裁判を闘う

公判で陪審員が無罪と判断すれば、私に犯罪歴はつかず、このままアメリカで今までどおりの生活ができる。しかし有罪と判断されれば、罪状から見て、五年前後の服役。出所後は日本に強制送還となり、アメリカへの再入国は、ほぼ永久的に許されない。

(2)自ら罪を認め、量刑審判を受ける

被告人自ら起訴事実を認めた場合、公判審理が省略され、刑の長さを決める量刑審問へと移行される。この場合の求刑は通常、裁判で負けた場合の約半分とされている。出所後については、裁判で負けた場合と同じ。

(3)司法取引きする

自ら罪を認めた後、検察に協力して情報を提供し、他の被告の裁判の際に検察に有益な証言をしたりすることで、起訴事実の一部もしくはすべてを取りさげてもらう。

当初私は、迷わず裁判で闘うことを望んでいた。だが、検察側が提出してきた証拠をふまえると、私がかなり不利な状況にあることがわかってきた。

アレックスは本当に相当な大物ドラッグ・ディーラーだった。ニューヨークでも一、二を争うという捜査官の言葉は嘘《うそ》ではなかったのだ。FBIは三年間もの長期にわたって彼を内偵しており、私が彼とつきあっていた約一年間もすべて調べあげられていた。

彼が私のアパートメントを出入りするようすも撮影され、電話もほぼすべて盗聴録音されていた。これらのビデオや写真、録音テープは、アメリカ刑法の証拠提示の原則から、私も見ることができた。アレックスの結婚相手の中国人女性の写真や、妊娠させていた他の愛人と彼がふたりで街を歩いているビデオなどまでも見せられた。ドラッグ配送に使われた私のクレジットカード記録も、私がたのまれて送った荷物の送付状も、すべてＦＢＩは押さえていた。

本起訴から数週間後、私は弁護士からこう告げられた。

「深く検討してみたが、裁判に訴えてあなたが勝つ可能性はまずないという結果が出た。罪を認め、量刑審判で軽い判決を受けるほうが賢明だ。そのうえで、司法取引きに応じるのも、量刑を減らすのには有効な方法です」

私は思わず、正直な感情を吐露した。

「私はドラッグを売ったことすらない。アレックスの部下として売人をやっていた日本人は不起訴になったりしているのに、なぜ何もしてない私が……」

しかし、弁護士はこう意見する。

「あなたの罪状は、複数の州に及ぶ大がかりなドラッグ取引きの共謀罪で、犯罪のレベルがちがいます。それに、あなたはアレックスと恋人関係で、高級レストランで食事したり、物を買ってもらったりしている。『それはドラッグで報酬を得たことと同じことだ』と、陪審員が判断する可能性は高いと思われます」

「送った荷物がドラッグだなんて知らなかった」という私の反論も、「あなたが中身を知らなかったという事実を証明できる方法がない」と却下された。

そして、「FBIが三年間もかけて捜査してきた事件で、共謀容疑の被告に無罪判決が出るとは到底思えない。くやしいかもしれないが、あきらめたほうがいい」ともいわれた。

一日だけ、考える時間をもらった。そして私なりに、こう考え、こう理解した。

私はドラッグ犯罪の共謀などしていない。これは誇りをもっていいきれる。

けれど私は、アレックスがロシアン・マフィアであることを知っていた。

彼がドラッグ・ディーラーであることを知っていた。

それでも、彼の恋人でありつづけた。

その事実をもって、私が彼の共謀者とされてしまうんなら、それはもう……仕方がない。

だって、裏切られた今になっても、私が彼の恋人だったことまでは否定できないから。

彼がマフィアだと知ってからも、彼のことを愛しつづけた自分を否定なんかできない。

それに、私は覚悟していたはずだ。私自身だって、許されざる者だっていう覚悟を。

翌日、弁護士事務所に行き、こう告げた。

「罪を認め、量刑審判を受けます。だけど司法取引きはしません」

弁護士は念を押すように、「罪を認める方向はよいと思いますが、本当に司法取引きしなくてよいのですか」と聞いてきた。

「司法取引きはしたくないです。だから、しません」

きっぱりそう返答した。これも昨日、自分で考え、決めたことだった。

罪を認めるなら、素直に量刑を受け、服役しよう。いくら司法取引きが正当な権利であっても、誰かを蹴落《けお》として自分が助かるなんてのはいやだった。たとえ、それが私を裏切ったアレックスだったとしてもだ。

アレックスに私の罪をかぶってもらうよりは、自分でつぐないたい。そう、強く思った。

それに冷静に考えて、司法取引きした場合、どの程度減刑されるかは検察次第だし、すべての裁判が終了するまで取引きの結論が出ない場合もあるらしく、何年かかるかわからない。そんな中途半端《はんぱ》なまま、何年間も過ごすのはごめんだった。

ただ、母に電話で、「私、刑務所に入らなくちゃだめみたい」と知らせたときは本当につらかった。父の危篤《きとく》の電話のときですら気丈だった母が、受話器の向こうで泣いているのがわかった。その後、母は体調を壊し、極度のうつ状態になってしまった。

カウンセラーのホソノ先生と語ったニューヨークの大学への進学も、成しとげられない夢になってしまった。まじめに通っていた語学学校も休みがちになった。

逃げるようにお酒を飲む毎日が続いた。ひとり、アパートメントの部屋で酔っぱらうたびに、

「いっそ今からでも、罪を認めたことを取り消し、裁判をやろうか……」

なんていう思いが、私の頭のなかにうず巻く。

自分自身で覚悟を決め、罪を認めることで、アレックスに裏切られた心の傷を癒《いや》せるような気がしていた。そしてまた、父の死を乗りこえて、自分は強くなれたんじゃないか、とも思いこんでいた。

でも、でも、私は強くなんかなれていなかった。

自分で決めたはずの選択に不安でしょうがない自分。

量刑判決の結果を恐れる自分。

刑務所での服役にどうしようもなく怯《おび》える自分がいることを認めざるをえなかった。

量刑審判の判決が出る日が九月の中旬に決まり、それに合わせて母がニューヨークに来た。

私は母の体調が心配なので、来ることには反対だったけれど、母は絶対行くといって譲らなかった。だがやはり、長旅に疲れたのか、または私の顔を見て張っていた気がゆるんだのか、ニューヨークに到着してすぐ、母は寝込んでしまった。しかもその後、裁判所の都合により判決日が延期になったという知らせが届く。

最後の審判の日を、不安にさいなまれながらも必死で待っていた私と母は、その知らせを弁護士から電話で聞いた瞬間、気が抜けたようになって、互いに何もいえず、ただ部屋のなかでボーッと立ちつくすのみだった。

私と母はまるで、底無し沼にはまってしまい、身動きがとれなくなった無力な鹿《しか》の親子のようだった。

そんな私たちに、追い打ちをかけるように悪い知らせが届く。

日本の伯母からの国際電話で、なんと私たちの実家が、外国人らしき窃盗団に泥棒に入られ、めちゃくちゃに荒らされたというのだ。判決日もいつになるかわからないし、母は帰国するしかなかった。

帰国後、荒らされ放題荒らされ、金目の物はほとんど盗まれてしまった我が家を見て、母はしばらく口がきけなかったという。父からもらった婚約指輪などの思い出の品も、すべてなくなっていた。なのに母は、「指輪よりも、私も父さんも、朋美のことのほうが大事だからね」という。そんな状態なのに、私のことだけを心配してくれている。

私は初めて、自分の運命を呪《のろ》った。

結局、私の量刑審判の判決日はそれからさらに延期となり、すでに一一月となった。あの逮捕の朝から、約一年がたったことになる。

このころになると私は、「もうじらされるのいやだよ！　早く刑務所に入れてよ！」なんて思うまでになっていた。強くはなれないにしても、知らないうちに、かなり図太くなっちゃってたんだろうか。

それでも、判決の当日は、心臓がどきどきするのを止められなかった。

「自ら罪を認めたわけですから、懲役二年六か月が妥当な線でしょう」

弁護士の先生はそういってくれる。

けどもし、「五年!」とかいわれたらどうしよう!?

いくらなんでもそれはないか。いや、わからない。本当にわからない。

だってこの一年、いくらなんでもってことばかりだったんだから。いいことなんかひとつもなくて、悪いことばかり、信じられないことばかりだったんだから。

そして、裁判官が判決文を読みあげた。

「被告、トモミ・アリムラを懲役二年の実刑に処す」

懲役二年、懲役二年、懲役二年、懲役二年……。弁護士の予想より、半年短い、懲役二年。短いのか、長いのか。そんなもの、長いに決まってる。

逮捕されてからこの一年間、ずっと生殺しのような状態だった。安心して眠り、気持ちよく目覚めたことなんか、なかった。不安、不安、不安だけが私の悪友であり、親友だった。そして今日、その親友とさらに二年間、顔つきあわせていかなければならないことが決まった。

弁護士によれば、アメリカの刑務所には「ｇｏｏｄ　ｔｉｍｅ」＝グッドタイムという制度があるという。刑務所のなかで懲罰などを受けなければ、刑期を短くしてくれるシステムだ。私のケースだと、最大、刑期の一五パーセントが免責される。懲役二年だと三・六か月がグッドタイムで引いてもらえることになるわけだ。けれども、それは最後まで優良な囚人として過ごせればという仮定の話。

あくまでも、私の懲役は二年なのだ。

それに外国人である私は、刑期が満了してもすぐに出所とはならない。母国・日本へ強制送還となるため、帰国日までは入国管理局に収監されるのだ。しかも、その収監期間は、一週間なのか、三週間なのか、一か月なのか、それ以上なのか、はっきりしないのだという。かなりアバウトらしい。しかも、入国管理局の拘置所は州刑務所と併用されているものが多く、連邦刑務所以上に劣悪な環境であるらしかった。

刑期の長さや、いつ日本へ帰れるのかについていくら考えても、答えは出ない。あまりにも不確定要素が多すぎる。なにしろ、アメリカの刑務所なのだ。

期待してもつらいだけだ。私は、二年後のことを無理やり考えた。刑務所を出られたら、仕事をしてお金を貯《た》めて、婚約指輪を盗まれたお母さんに素敵な指輪を買ってあげたい。

婚約指輪……。そのとき、ふと、アレックスのことを想《おも》った。ずっと彼のことは忘れてしまおうと思っていたけど、婚約指輪から連想してしまうのは結婚まで考えていた冬木さんではなく、くやしいけれどアレックスだった。

彼はいったい、どれほどの長さの懲役刑を受けるのだろう。
彼は、罪を認めるんだろうか。
彼は、私のことを、思いだしたりすること、あるんだろうか。

自主入所

とうとう、この日がやってきた。

一月三日。私が、連邦女子刑務所に入所する日。

私は、裁判当日にすぐ刑務所送りになるのはさすがにいやだったから、セルフスレンダー（自主入所）という方法を選択していた。裁判所が指定した日時に、自ら刑務所に出頭するというものだ。

だから私は今日、一月三日午後四時までに、コネティカット州ダンベリーにあるFCI（Federal Correctional Institution／連邦刑務所）へ行かなければならない。

ただ、この方法を選んだことを私は後になって後悔した。

最初は、入所までに約一か月の猶予《ゆうよ》期間がもらえた感じでちょっとホッとしていた。

一二月はニューヨークがいちばんにぎやかになる季節だ。街中がデコレーションでおおわれ、クリスマス・セールでにぎわう。でも、年が明けてすぐに刑務所に入る私には、クリスマスもハッピーニューイヤーも関係ない。楽しげな街のなかで、息を潜めて、ただひたすら入所日を待つのは、考えていた以上にさびしくて、つらかった。

こんな気持ちになるなら、一日でも早く刑務所に入ったほうがよかった……なんて思った。

朝八時をまわったころに、友だちのイギーがやってきた。

イギーには、私がもう使わなくなる家具をあげる約束をしていたのだ。

ここ数週間、イギーは私のよき相談相手になってくれていた。彼は以前に、自分に覚えのない罪で逮捕された経験をもっていた。つきあっていた彼女との別れ話がもつれたとき、彼女が「彼にレイプされた！」と嘘《うそ》の訴えを起こしたのだ。イギーは一年間裁判を闘い、かろうじて勝訴していた。スペイン人であるイギーはこういう。

「アメリカはこわいよ。みんな、『自分の身は自分で守らなきゃダメだ』とかいうだろ？　でも、自分を守るためだったら、他の誰かを陥《おとし》れていいのか？　ニューヨークの答えは『イエス』なんだ。『他人を陥れても生き残れ』ってさ。うんざりだよ」

アレックスなら、そんなイギーの意見なんか耳も貸さないだろう。そんな人の好《よ》いイギーだからこそ私は、アレックスに買ってもらった思い出のソファーをあげようと思ったのかもしれない。だけど、イギーにしたって、文句をいいつつ、ニューヨークに何年も住みつづけている。

ニューヨークって、そんなに魅力的なんだろうか。

ニューヨーク最後の日になっても、私はその答えを出せそうにない。いろんな答えを保留にしたまま、私はこの街を出ていかなければならない。

ソファーを部屋から運びだしながらイギーは、「二年なんかすぐだよ。トモミさんが出てきたらすぐ返せるように、できるだけきれいに使うからね」なんていってる。

イギーは、私が刑を終えると同時に「国外退去処分」になることがよくわかってない。服役期間を終えたら、もうアメリカへ再入国することは永久に許されないのだ。

ソファーがなくなったあとの、がら〜んとなった部屋を見ながら、「今日の夜にはもう刑務所のなかなんだなぁ」って思ったら、それまでなるべく考えないように考えないようにしてきた懲役二年という時間が、急激に頭のなかを占めてきた。

刑務所のなかでの二年間って、いったいどれほどの長さなんだろう。

二年間いなくちゃならない連邦刑務所。いったいどんなすごいところだろう。

本当に想像がつかない。二年前の私はまだアレックスとも出会ってなくて、ただニューヨークに暮らせることがうれしくてしかたないふつうの女の子だった。

だったら二年後の私はどんなふうになっているんだろう。そう考えはじめたら、やっぱり二年間はものすごく長く思えてきて、そうするとまるで、生きていくのが不可能な長さのような気がして、泣きたい気持ちが今さらのようにバーーッと襲ってきた。

でも、でも、「泣いてたまるかよ」って思った。必死でこらえた。

約一年前のあの日、この部屋で手錠をかけられてから、もうさんざんつらいめにあってきて、やっと、やっと、あと二年まできたんじゃん。それに私はもう、アレックスに裏切られて、泣きじゃくっていたあの日のかわいそうな女じゃない。

私は今日から、泣こうがわめこうが、受刑者なんだ。泣いてたまるかよ……!!


午前一一時。私をコネティカット州ダンベリーの連邦刑務所へ車で送ってくれるために、バイト仲間の勇くんが来てくれた。

外は昨日から降っていた雪が積もり、大雪になっている。

真っ白になったニューヨークの街を車がゆっくり走る。窓越しに雪に覆《おお》われた景色を見ながら、「この街を見るのも、これが最後なんだな……」と思う。

さよなら、ニューヨーク。もう二度と会うことはない街。

勇くんは何もいわず、黙々と運転してくれている。彼は大学の留学生としてアメリカに来て、今はニューヨークで働いているまじめな日本人青年だ。勇くんにしてみれば、自分の知りあい、しかも日本人の女がＦＢＩに逮捕されて連邦刑務所に入れられるなんて、信じられないことなんだろうな。

ＦＣＩのあるダンベリーという町は、ニューヨークのマンハッタンのような高いビルなんてのはぜんぜんなくて、町の中心地の住宅街を抜けたら、あとはただ道路が延々と続くだけの田舎だった。どこまで行っても同じ風景が続く。しかも大雪で道路標識が覆われて見えない。何度も道をまちがえてしまい、なかなかＦＣＩへたどりつけない。

入所時刻の午後四時がどんどん迫ってきて、私はすごく焦《あせ》ってしまった。こんな日に遅刻してしまうなんて。もし、時間に遅れてしまったらどうなるんだろう。逃亡と見なされて、さらに刑期が長くなったりしないだろうな。いや、逆に、「今日の受付時間は終了しました。また明日、出直してきなさい」なんていわれるかもしれない。それだって絶対にイヤだ。せっかく心を決めて来ているのに、これ以上延びるのは本当にいやだった。

ようやくＦＣＩに到着したときには、すでに午後四時四〇分になっていた。大遅刻だ。そのうえ、どこが入り口なのかわからない。とにかく明かりがついているドアを開けて入っていくと、そこは面会人の待合室で、若い白人のオフィサー（刑務官）がひとりだけいた。オフィサーは誰かと電話中で、楽しそうにぺちゃくちゃ話している。

ドキドキしながら近づいてこう告げた。

「自主入所に来た、トモミ・アリムラです。すいません、大雪のために時間に遅れてしまって……」

一瞬、怒られるかな、と思ったけど、オフィサーは「あ、そう。じゃ、係の人間を呼ぶから、そこで座って待ってて」と軽い感じで、なんだか拍子抜けしてしまった。

係の人が来たのは、それから一五分以上もたってからだった。しかも、「おれは入所者受け入れの担当じゃないんだよなぁ」なんてボヤいている。私は緊張しながらも、アメリカの刑務所って結構適当なのかな……なんて思ったりした。

係らしきオフィサーが、「着ている服はそのままでいいから、もっている物やポケットの物は全部出しなさい」という。

コンタクトレンズ一式と電子英語辞書、それに現金一〇〇ドルを出した。これらは、もしかすると刑務所内に持ちこみOKかもと思い、持参したものだ。

どのようなものが持ちこみ可能なのかは、事前に電話で問いあわせて聞けるようになっている。入所日を知らせる手紙にその連絡先電話番号は記してあったのだけれど、でも、何度かけても一回もつながらない。仕方なく、カウンセラーのホソノ先生と相談して、所持品の準備をしたのだった。

「どれも持ちこめないね。友だちにもって帰ってもらいな」

オフィサーがあっさりそういう。えっ⁉　コンタクトと電子辞書は仕方ないにしても、現金もまったく持ちこめないの？

「お金もだめなんですか？」

「うん、ダメ」

私は従うしかなかった。しかし実は、現金は持ちこめたのだった。ＦＣＩ内には生活用品の多くがそろう売店があって、そこでは月三〇〇ドルまでの買い物が許されていた。

結局、このオフィサーの適当さのおかげで、一文無しで入所してしまった私は、母からの送金が届くまでの約一か月半の間、同房者のメキシコ人のおばさんから、身のまわりの物を借りて過ごすことになるのだった。

最後のお別れをしなさいと、オフィサーが私にいった。

「こんな大雪のなかを送ってくれて、本当にありがとうね。もし時間があったら、面会に来てください。じゃあね、バイバイ」

勇くんにそれだけを告げてオフィサーのほうを向いた。オフィサーは、「そんな簡単でいいのか!? もっと別れを惜しまなくていいの?」と、驚いている。ふつうなら、親子や恋人じゃなくても、最低、泣いて抱きあったりくらいはするらしい。あまりにあっさりとした別れにオフィサーは、信じられんな、日本人ってのは変な連中だぜ、とでもいいたそうな顔をしている。でもすぐ、オフィサーは表情を変えて私に、「後ろからついてこい」といい、歩きだした。

「はい」

そう答えて私は、ＦＣＩのワックスがよくかかった床にできるだけしっかりと右足を踏みだした。

囚人としての私の第一歩だった。

第二章

アメリカ連邦女子刑務所
本当にここで生きていけるのかな

2人用囚人房と FCI

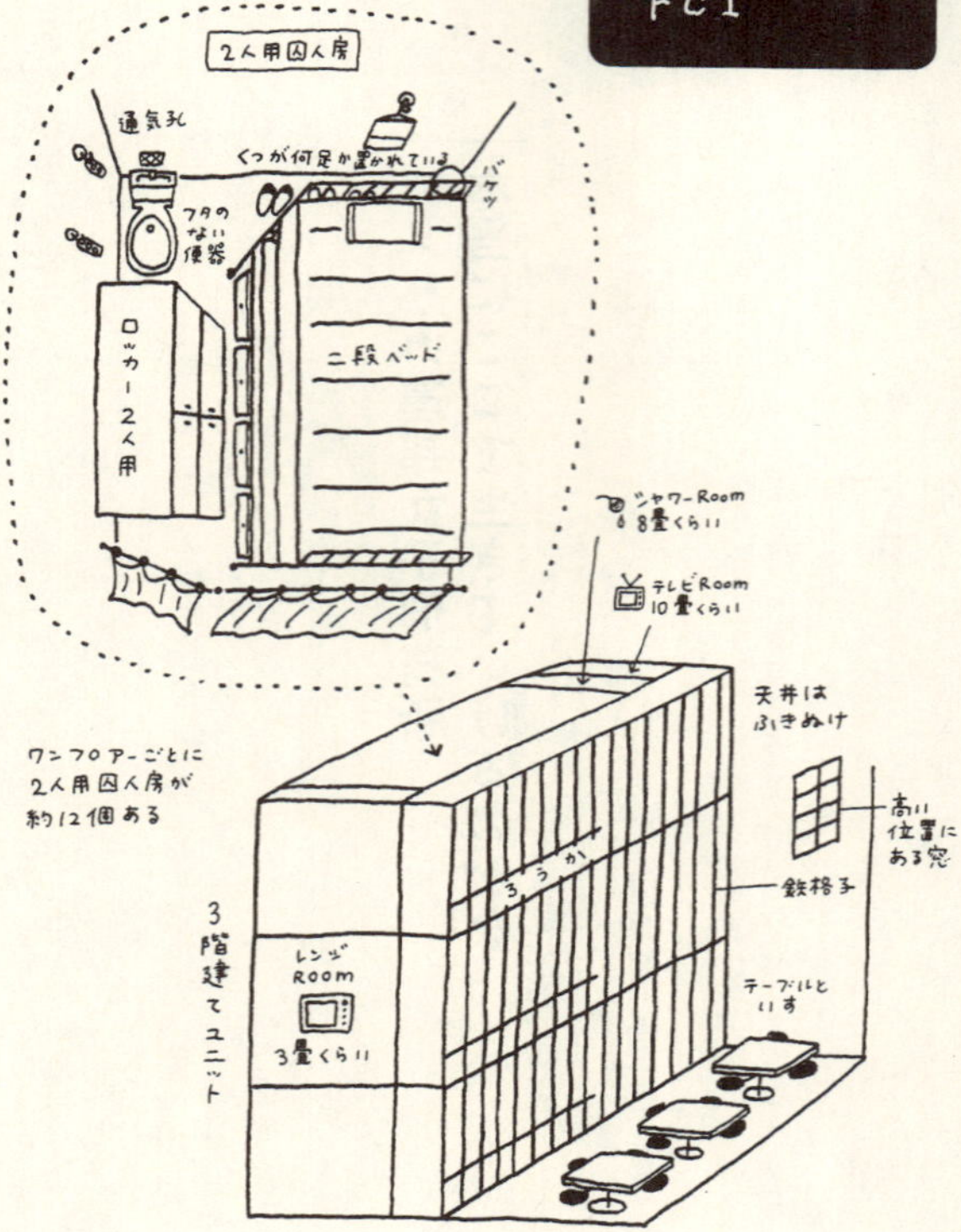
2人用囚人房
通気孔
くつが何足か置かれている
バケツ
フタのない便器
ロッカー2人用
二段ベッド
シャワーRoom 8畳くらい
テレビRoom 10畳くらい
天井はふきぬけ
ワンフロアーごとに2人用囚人房が約12個ある
高い位置にある窓
鉄格子
ろうか
3階建てユニット
レンジRoom 3畳くらい
テーブルといす

入所

オフィサー（刑務官）に連れられた私は外へ出て、建物の塀沿いに歩いた。外はまだ雪が降っている。行きついたのは小さなドアの前。それは、巨大な建物に似合わない、とても小さなドアだった。

このドアの向こう側が、ＦＣＩ、連邦女子刑務所だ。ここから先は別世界。でも、ここまで来ても、まだ何か実感がわかなかった。実際私は、ＦＣＩに対して、ほとんど予備知識をもっていなかった。なかはどうなっているんだろう？　どんな人たちがいるんだろう？　どんな労働をさせられるんだろう？　どんな部屋で寝て、どんな環境で毎日を生きなきゃならないんだろう？　どんな、どんな、どんな……。

「両手を出しなさい」

ドアを開けた直後、オフィサーはそういうと私の両手首にガチャリと手錠をかけた。約一年前に逮捕されたとき以来の、生まれて二度目の冷たい感触。正直、ちょっとショックだった。自分が囚人であるということを強烈に思い知らされたような気がした。

廊下を歩き、コンクリート打ちっぱなしの部屋へ、手錠のまま入れられる。ここでしばらく待てという。小さな窓には鉄格子《てつごうし》があり、天井にも鉄の網が張りめぐらされている。外は大雪なのに、暖房は入っておらずとても寒い。体がすっかり凍えきったころ、ふたたびドアが開いた。開けたのは女性のオフィサーだった。

女性オフィサーは私をシャワー室に連れていき、手錠をはずしてから、「全部、服を脱げ」といった。次に、素っ裸になった私に、「お尻《しり》をこっちに向けてしゃがめ」といい、「そのままの格好で咳《せき》を一回しろ」という。これは、膣《ちつ》のなかに何か隠していないかを調べるためらしい。でも、もし何か隠しもってたら、コホン！　と咳をした瞬間にポトン！　と落っこっちゃうんだろうか。リアルだけど何かおかしくて、思わず笑いそうになってしまった。私、けっこう余裕あるのかな。

わきの下や足の裏も調べた後、女性オフィサーは、「服と靴のサイズは？」と私に尋ねた。だけど支給されたものでサイズが合ってたのは靴だけで、薄いグレーの囚人服は、上下ともぶかぶかだった。上着はプルオーバーで、ズボンはウエストがゴムになっている。ケーブルテレビのドラマや映画でよく観《み》たのと同じ囚人服。その囚人服を、刑務所のなかで、今こうして着ている自分。現実なのにとても不思議な気がしてならなかった。

そして見た目は立派な囚人となった私はふたたび手錠をかけられ、名前や年齢や国籍の確認をされることもなく、手続きも説明も受けずに、そのまま収容房へと歩かされた。

実は数日後にわかったのだけれど、このときに何も手続きなどがなかったのは、単純なオフィサー側のミスだったらしい。実際ＦＣＩは、連邦刑務所だというのに、かなり適当な面が多かった。でも、このときの私にそんなことがわかるはずもなく、わけもわからないまま、ただオフィサーの後ろについて、「ユニット」と呼ばれる収容房へと進んでいった。

ええっ!?　なにこれ!?　こんなところに入れられるわけ？

ユニットを一目見た瞬間、私は心のなかでそう叫ばずにはいられなかった。

目の前に広がっていたのは、三階まで吹きぬけになった大きな空間。右側は壁で窓があり、そこから薄く外からの光が差す以外は電気もついておらず、薄暗い。

驚いたのは左側のほうだった。そこは囚人たちの部屋になっている。部屋というよりは、鉄のコンテナのような箱というほうがふさわしい物がずらーっと一列にならんでいて、箱はすべて鉄格子で閉められている。

その鉄格子で閉ざされた二畳半ほどの部屋のなかには、なんと囚人女性たちが何人もぎゅうぎゅう詰めに収容されているではないか！

しかも、その囚人女性たちはほぼ全員鉄格子を握り、そこに顔をくっつけるようにして、私のほうをギロギロッと見ている。部屋は何個も連なっているから、それこそ数十人の鮨詰《すしづ》めにされた囚人たちの百をこえる眼が、いっせいに私をギロ〜ッとにらみつけている状態なのだ。

(これってどっかで見た……。そうだ！　小学校のころに社会科見学で見た、養鶏場にそっくりだよ……)

私は茫然《ぼうぜん》としながら、そんなことを思っていた。でも本当に、それは刑務所ですらなく、まるで劣悪な捕虜収容所か、それこそ奴隷《どれい》市場にすら思えたのだ。

アメリカの刑務所って、本当にこんなにひどいところなの？

私は、アメリカの刑務所に関して特別な予備知識はなかったものの、そこがどの程度の環境かくらいは知っているつもりだった。ニューヨークで暮らし、ふつうにケーブルテレビを見ていれば、刑務所内の映像はニュースやドキュメンタリー、映画やドラマで何度も目にする。

テレビ画面のなかの囚人たちは、せまい鉄格子のなかに押しこめられてなどいなかったはずだ。カウンセラーや弁護士さんも、「アメリカの刑務所は、かなり自由ですよ。外の世界と遮断されているだけで、大学の寮で生活するみたいなものです」といってくれていた。

なのに今の私はどうだ？　両手に手錠をかけられ、まるで劣悪な人間養鶏場のような牢屋《ろうや》の前を歩いている。

ぎゅうぎゅう詰めになったまま鉄格子に顔を押しつけた囚人たちは、私を見て口々に何かを叫んでいるけれど、ショック状態の私には大きなノイズにしか聞こえなかった。

ガシャン！

鉄格子が閉められ、私は先ほどの「養鶏場」のとなりのユニットの一部屋へ入れられた。二段ベッドがひとつあって、すみっこには便器と、それを隠すための申し訳程度の白いカーテンがある。四畳ほどの広さ。あの「養鶏場」部屋もこれと同じ造りなんだろう。

でも大きくちがうのは、この部屋には私がひとりで入っていることだった。

そういえば、このユニットでは、他の囚人たちもひとり一部屋みたいで、ぎゅうぎゅうに大人数で押しこまれてはいない。いったい何がちがうんだろう。どういうシステムなんだろう。けどオフィサーは一切何も教えてくれず、「来週月曜日には、もうちょっとましなところへ移すから」とだけいうと、鉄格子の鍵《かぎ》を閉め、あっさり去っていった。

そのとたん、他の鉄格子部屋からの、囚人たちの話し声が聞こえてきた。

「あのチャイニーズの娘、何でここに入ったんだ？」

「なんか、今日入ったばかりらしいよ！」

全員が私についてしゃべっている。私を中国人だと思っているらしい。やたら大きな声。

会話というより、怒鳴りあってる感じ。そのうち、誰かが直接私に話しかけてきた。

「ヘイ！　チャイニーズ！　おまえ、何の罪でここに来たんだよっ⁉」

まるで因縁《いんねん》をつけてくるような口調だ。私は、どんな答え方をしていいかわからず、

黙りこんでしまった。すると、

「シカトしてんじゃねー!!」「黙ってんじゃねー!!」「何かしゃべりやがれ!!」

ユニット中に響きわたる大声で次々に怒鳴りつけられた。私はもう完全にうろたえてしまって、何かいおうにも口から英語が出てこない。こわいこわいこわい！　なんてこわいとこなんだ、刑務所って！　こんな恐ろしいところで、これから二年も過ごさなきゃだめだなんて！

「あいつ、英語がわかんないんじゃないのー!?　チャイニーズだからさー」

誰かがそういうと、囚人全員がゲラゲラゲラーッと笑った。反対に私の目からは、ぼろぼろぼろーっと涙がこぼれでてきた。泣くのだけはやめよう。そんな決心が、刑務所に入ってほんの数分のうちにあっけなく崩れさってしまった瞬間だった。

その後、私に怒鳴りつけてくる囚人はいなくなったけれど、相変わらず彼女たちは大声でしゃべりつづけていた。私はそのあまりのうるささに耐えきれない思いを感じながらも、いつの間にか、倒れるように寝てしまっていた。ただ寝ている間も、涙は流れつづけていた。

本当に、これから、どうなっちゃうんだろう……。

懲罰房

翌日。土曜日の朝。

朝食を運んできたオフィサーの物音で目が覚めた。

朝食のメニューはグリッツという、小麦のお粥《かゆ》みたいなものだった。私はそういう食べ物があることは知っていたけれど、食べたことはなかった。スプーンですくって、一口。げっ、ま、まずっ！　味ないじゃん！　グリッツってこんなにまずいの？　それとも、これは刑務所グリッツだから⁉

実はグリッツはそれ自体には味がなくて、甘党の人なら砂糖やミルクをたっぷり入れたり、また逆にコショウや塩をかけ、ベーコンや卵を落として食べたりするものだった。

なのに私は、一緒にトレイにのっていた調味料もつけず、そのまま食べていたのだ。まったく食欲はなかったけれど、無理やりにグリッツを口のなかに押しこんだ。

もしかしたら、このまま二年間、ずっとこの牢屋に入れられたままなんだろうか。

そんな不安感が、グリッツとともに胃のなかに流れこんできて、私は吐きそうになるのを必死でこらえた。

「月曜日になれば、もう少しましなところへ行けるから」

そういったオフィサーの言葉を思いだして、とにかく、あさっての月曜日までは耐えよう、そう心に決めた。そしてグリッツを食べ終えてすぐ、ベッドにうずくまった。

起きていても、不安になるだけだ。もう、何も考えたくなかった。

そして土曜日、日曜日、私はその鉄格子《てつごうし》部屋で、ただベッドに横になり過ごした。

食事はオフィサーが運んできてくれた。それ以外、何もない。ただ、他の囚人たちの話し声が半端《はんぱ》じゃなくうるさい。うるさすぎる。以前にアレックスがいった言葉が、ふいに思いだされた。

「監獄は最悪の場所さ。あんなところに入れられたら、一日で頭がおかしくなっちまうよ」

実際、私は、本当におかしくなってしまいそうだった。

ただ不思議なことに、そんな状態になっても、やっぱり刑務所に入ることを選択するんじゃなかった、裁判で闘えばよかった、司法取引きすればよかった……なんていう後悔の気持ちがわいてくることだけはなかった。

それはたぶん、人間は本当に追いつめられると、まずその瞬間をどうしのぐかに心が集中するからかもしれない。

後悔なんかしてしまったら、それこそ、心が押しつぶされてしまっていただろう。

ようやく月曜日の朝が来た。「月曜には、もう少しましなところへ行ける」。この二日間、その言葉だけを支えにしていた私にとって、待望の朝だ。

思いきって、朝食をもってきてくれたオフィサーに移動のことを聞いてみる。

「そう、後で調べておくよ」

オフィサーは軽くそういい、さっさともどっていく。そしてまた、怒鳴りあう声がユニット中に響きわたる。どうなってんの？　まさか、本当にずっとここに入れられたままなの？

私はもう必死になって、何人かのオフィサーが前を通るたびに、大声を出して、

「今日移動だっていわれてるんだけど、どうなっているんですか！」

と訴えた。相変わらずギャーギャーうるさい他の囚人たちが、「なんかチャイニーズがごちゃごちゃ文句つけてるぜ！」とかいいあってるのも聞こえたけど、もうかまっていられなかった。

なのにオフィサーたちは、「えー、どうなってるのかなー。僕にはわからないなあ」みたいに適当な答えしか返してくれない。

結局、私を移動させるためにオフィサーが鉄格子を開けにきたのは、その日の午後になってからだった。

「さぁ、今から君は自由の身だ！」

鉄格子の鍵を開けたオフィサーがこういった。

（え？　まさか釈放⁉）一瞬そんな大それた勘ちがいをした私は、すぐにそれがオフィサーのジョークだとわかって、内心顔が赤くなった。そんな、三日で釈放されるわけがない。けどそう思ってしまうほど、この三日間がつらすぎたことも事実だった。

鉄格子部屋を出て、オフィサーの後ろについて歩く。手錠はされない。他の囚人たちが、大声で私に叫ぶのを後ろに聞きながら、となりのユニットへ入った。あの何人もの囚人が鉄格子に押しこめられていた「養鶏場」だ。

入って周囲を見わたした瞬間、私は思わず叫んでいた。

（えーーっ、なんで？　どういうこと⁉）

でもそれは、三日前とは逆の、ある意味、うれしい驚きだった。

養鶏場のようだった部屋の鉄格子はすべて開放されていて、囚人たちが自由に出入りしているではないか。廊下には、テーブルや椅子《いす》が置かれていて、そこも人でいっぱい。みんな楽しそうにお菓子を食べながらおしゃべりしたり、トランプで遊んだり、編み物をしたりと、すごくリラックスしている。

だったら、あの三日前はいったいなんだったんだろう。

まさか緊張していた私が見たまぼろし？　それとも夢？

でも、もしどちらかが夢だとしたら、絶対に今見てる光景が現実であってほしい。

結局、どちらも夢なんかじゃなかった。実は、こうやって部屋ごとに鉄格子が開けはなされ、自由に囚人たちが過ごせるのが本来のユニットの状態だった。

じゃあなぜあの金曜日、あんな養鶏場みたいだったかといえば、新入りの私を通すために、その間だけ廊下から人を出し、とりあえずそこらにいる囚人たちを部屋に押しこんで入れたからだった。だから、本来ならふたり部屋のところへ、五人も六人も入っていたのだ。みんなが鉄格子にへばりついてギョロギョロ見ていたのは、新入りがどんなヤツか興味があるからで、そのうえ私が、彼女たちから見れば、まるで犯罪者タイプじゃない幼い東洋人娘に見えて、ものめずらしかったかららしい。

そして、三日間閉じこめられた、あのものすごくうるさかった鉄格子の部屋。

なんとあそこは、ＳＨＵ＝スペシャル・ハウジング・ユニットと呼ばれる懲罰房だった。

懲罰房では外のユニットとちがい、数々の自由が制限される。ひとりだけ、鉄格子部屋に何日も入れられる。あの囚人たちが怒鳴るように大声で話していたのは、大声で他の部屋の仲間としゃべること以外にすることがなかったからだった。また、懲罰のほとんどの理由はケンカで、だから懲罰房に入れられている囚人は、気の荒い人が多いらしかった。

新入りの私を、まだ部屋が決まらないから、そしてちょうど土日が重なったからというだけの理由で適当に懲罰房に押しこんだのは、本来のアメリカの刑務所に関する法律からすればやってはいけないことだったらしい。そのうえ私は入所の際に、入所手続きがほぼ何もなされないうちに入れられてしまっていたらしかった。刑務所内でのID＝身分証も作成されなかったし、それ用の写真も撮られなかった。

あるおばさんのオフィサーなんかは、「あら〜、あなたの入所記録がまったくないわ。よくこんなんで入ってこれたわねえ」と本気で驚いていた。けど、驚きたいのはこっちだ。本当にこんないい加減でいいんだろうか。さらになんと私は、FCIのオリエンテーションすら受けることがなかった。入所一週間以内に囚人はオリエンテーションを受け、起床時間や就寝時間、労働に関するルールや違反事項など、すべての規則やシステムを教わることになっている。なのに私は、オフィサー側のミスで、オリエンテーションに呼びだされなかったのだ。

だから私は、周囲の囚人たちに教わりながら、ひとつひとつルールを覚え、システムを学んでいくしかなかった。

こんなふうに、私の入所三日間だけをとってみても、このＦＣＩのシステムと運営はかなり雑でいい加減だった。

ただそのおかげ（？）で、私のＦＣＩでの大きな目標ができた。

それは、懲罰房だけは絶対に入らないようにしよう！　ということだ。

たった三日間だけで気がおかしくなりそうだったのに、あんなところへ一週間も一か月も閉じこめられたら、本当にどうにかなってしまう。ケンカが懲罰房入りの理由で一番多いのなら、絶対にケンカだけはしない、そう心に誓った。

ユニット2B　B1ー03U

ユニットは三階建てになっていて、各階に一二室ほどずつ囚人房がある。部屋はふたり部屋だという。どんな人がルームメイトなんだろう。こわい人じゃなきゃいいな。アジア人嫌いの人じゃなきゃいいな。これまで目にした囚人は、圧倒的に、黒人とラテン（中南米）系が多かった。白人は本当に少ない。アジア系は、もっと少ない気がする。

ユニット2B　B1ー03U。

これが、私のユニットと部屋のナンバーだ。その部屋の前まで来て、オフィサーが部屋のカーテンを開けた。部屋のなかでは、ラテン系の女性がひとり、二段ベッドに腰かけて、静かに編み物をしている。

私を見ると、にっこりほほえんでくれた。目鼻立ちがすごく整った、かなりの美人だ。

「ハーイ、私がルームメイトのグロリアよ。わからないことは何でも聞いてね」

すごくやさしいしゃべり方と笑顔だった。私は、緊張していた肩の力がすーっと抜けていくのを感じた。グロリア、感じのいい人だな。よかった。

「今日からルームメイトになる、トモミ・アリムラです。よろしくお願いします」

私は、まるで転校してきた小学生のようにあいさつした。

私とグロリアが使うそのふたり部屋の造りはあの懲罰房とまったく同じだった。けれど、閉じられていた鉄格子内はカーテンで出入り自由だし、他の囚人もそこそこ静かで、かなり過ごしやすそうに思えた。

オリエンテーションも受けられず、何も知らなかった私に、グロリアはFCIについて一から教えてくれた。

「ユニットはNo・1からNo・13まであって、それぞれ一〇〇人くらい入ってるから、FCI全体だと、たぶん一三〇〇人くらいいるんじゃないかしら」

「朝五時に点呼があって、朝食は六時一〇分から食堂へ行って食べるのよ」

朝五時起き⁉ 早や〜と驚いたら、グロリアは笑ってこういう。

「一応タイムスケジュールがそうなっているだけなの。点呼っていっても、オフィサーが寝ている囚人を数えるだけ。だから仕事も学校（FCIにはさまざまなスクールがあった）もない人とかは、昼過ぎまでグーグー寝てたりするわ」

また、朝・昼・晩の食事の際、食堂に入るユニットの順番は、毎週の「ユニット清掃コンテスト」の順位で決められるそうだ。食事の順番が最後のほうになるとなくなってしまうメニューもあるから、みんな必死でユニットをきれいにするらしい。

「たぶん、そうでもしないと、ゴミ溜《だ》めみたいになっちゃうから、オフィサーたちが必死で考えたのかもね」

朝八時三〇分になると、レクリエーションルームと運動場が開放され、自由に使用できる。ユニットごとに、シャワールーム、テレビルーム、電話ルーム、ランドリールーム、電子レンジルームがそれぞれあって、消灯までは自由に使える。午後四時には全員点呼があって、実質的にはこれが一日一回だけの点呼になる。午後九時三〇分にユニットのドアが閉められ、午後一一時に消灯。

労働は基本的に強制で、何らかの仕事につかなければならない。だいたいが日給一ドルにも満たない超低賃金だが、一応、給料も出る。仕事は割り振りされるのではなく、自分で選び、担当のオフィサーまで申しこみに行かなければならない。人数や適性の問題で断られる場合もあるという。

仕事にはさまざまな種類があり、労働時間帯もバラバラだ。たとえば庭掃除の仕事だと、朝八時から午後二時の早番と、午後二時から午後一〇時の遅番があったりする。

「ただ、自分から仕事を選ばなかったり、あぶれたりすると、だいたい庭掃きかキッチンに配属されるのね。だけど、ほとんどの人が庭掃きなんかやらないの。ただ庭に腰かけて、煙草《たばこ》吸いながらダベってたり、本読んでたりね」

しかし、キッチンにまわされると、残飯掃除や皿洗いなどかなりキツいそうだ。それに、庭掃除もキッチンも、給料的にはFCI内最低で、月給一五ドルだった。

FCIには売店があって、食料品や煙草（一年後禁制品になった）、化粧品や下着、身のまわり品と、かなりの物が購入できる。商品の値段は、外の世界とほぼ同じ。特別に安いということはない。また、外へ電話をかけることもできる。有料で、一か月ひとり四〇〇分までOK。国際電話も可能だ。ただし、電話を受けることはできない。自分で仕事を選び、働き、給料を口座へ振りこんでもらい、そこから引きおとしで、売店で物を買い、電話する。ある意味、FCIは閉ざされたミニ社会だ。

だから、FCI生活において、お金はとても大切だ。お金がある人は、支給品を使用せず、シャンプーも石鹸《せっけん》も売店で好みの商品を買って使う。仕送りがある人はいいけれど、ない人はせっせと働くしかない。

「入所のときにお金は持ちこめないっていわれた」とグロリアにいうと、それはオフィサーの怠慢だと指摘された。ここでは、囚人たちはみな自分の口座とカードをもたされて、労働分の給料はそこへ振りこまれ、売店で購入した品物の代金はそこから引かれる。

その口座へは、外から送金してもらうこともできるし、入所時に持参したお金を入金することも可能なのだった。

(なんだよ！　やっぱりお金は持ちこめたんじゃん。またしてもオフィサーにやられたよ。でも、いきなり文無しかぁ……)

外からの送金は、今すぐ送ってもらっても一か月後くらいになるという。

私が落ちこんでいるとグロリアは、「だいじょうぶ、心配しないで。全部私のを使えばいいから」と、身のまわりの品はすべて自分が買いそろえているものを私に分けあたえてくれた。

グロリアは本当にいい人だった。親切で、物静かで、年こそ四〇歳すぎのおばさんだけど、本当に美人でもあった。

「私が美人だって？　フフフ、ありがとね、トモミ。実はけっこう、顔を整形してるの。全身脱毛だってしてるのよ」

う〜ん、そうなのかぁ。でも元もかなりいいんだと思う。私は密《ひそ》かに彼女を「FCIの叶恭子《かのうきょうこ》」と呼んでいた。実際、そんな感じのゴージャス美人だったのだ。

グロリアの刑期は一〇年だった。すでにFCIには六年以上入っている。罪状はドラッグ売買の組織犯罪に関わったこと。私と似たような罪だ。

「まぁでも私の場合、逮捕されたときに、自宅にコカイン三五キロを隠していたから、仕方ないでしょうね」

グロリアはそういって笑う。コカイン三五キロ！　末端価格にしたら数千万、いや数億円かも!?　私と同じような罪といっても、罪状が似ているだけで、中身はぜんぜんちがう。こんなに穏やかそうに見えても、やっぱり彼女は筋金入りなのかもしれないな……。

これからだんだんと知っていくのだけれど、基本的にＦＣＩに収容されるのは、刑期に関係なく、ドラッグの組織犯罪に関連した犯罪者たちが大多数だった。だから刑期数か月の囚人もいれば、なんと懲役二〇〇年なんて女性もいた。また、殺人犯や強盗犯もいて、それらの多くは、ワシントンＤＣから移送されてきた囚人たちだった。

アジアン・コミュニティ

夕食の時間になり、グロリアと一緒に食堂に行く。

まずあまりの広さに圧倒されてしまった。まるで体育館か、それ以上の広さ。料理も意外とおいしい。そこらへんの安いレストランよりも味は上かもしれない。配膳《はいぜん》されるメインメニューのほかに、サラダバーにスープバー、デザートコーナーまである。

グロリアと一緒に夕食を食べていたら、そんな大きい食堂内なのに、アジア系の人たちの集団が目ざとく私を見つけて、すぐに声をかけてきた。中国人、ベトナム人、韓国人などがいたけれど、日本人はいない。やはり、私ひとりだけのようだ。びっくりしたのは、そのなかに、私のことを知っているという女の子がいたことだ。おとなしそうな韓国人の子だった。

「ねえ、もしかしてトモミじゃない？　私のこと、覚えてる？」

一瞬、わからなかった。

「私、ほら、キャティだよ」

キャティ!?　あっ、アレックスの家で何度か会ったことがある、あの女の子か。すぐにわからなかったのは、キャティの容姿とたたずまいがかなりちがっていたからだ。

私とニューヨークで何度か会ったころのキャティは、実はアレックスの下でドラッグのプッシャー（売人）をやっていて、自らも重症のコカイン中毒だったらしく、ガリガリに痩《や》せていた。化粧も濃く、態度やしゃべり方もビッチな感じで、正直あまりよい印象はなかった。

けど、今こうしてＦＣＩで再会したキャティはふっくらしていて、眼鏡をかけていて、ノーメイクで、以前とは別人のようだ。実際、それからＦＣＩでいちばんの親友となったキャティは、とてもまじめなやさしい女の子だった。

「トモミに会えてよかった。すごくうれしい。知ってる人がひとりでもいるとぜんぜんちがうもの」

キャティは私と同じころに逮捕されていたという。しかし仮釈放の適用を受けられず、半年間の裁判期間中もずっと拘置所に収監されていた。判決は懲役三年だった。刑が決まると同時にＦＣＩへ移送され、すでに二か月になるという。

キャティは真っ先に、スーという中国系のおばさんに私を紹介した。

スーは、どこかすごみと貫禄《かんろく》があった。実は彼女は、FCIにおけるアジア系グループのボス格なのだった。このFCIには、男子刑務所にあるような、刑務所内ギャング組織は存在しないということだった。また、男子刑務所の場合は、外のギャング同士の対立構造がなかにまで持ちこまれている場合が多いが、そういう抗争も、ここには一応ないらしい。

ただ、やはり人種や民族ごとにそれなりのコミュニティが形成されている。

FCI内の人種的な人数構成はおおよそこうだった。

中南米系（ラテン系）五〇%、アフリカ系（黒人）四〇%、残りの一〇%の少数派が、白人やアジア系だ。私のユニットなどは約一〇〇人のうち、白人はひとりだけだった。

民族ごとのコミュニティとしては、ヒスパニック系グループ、黒人グループ、プエルトリカン系グループなどが大まかにあって、実際にはもっとこまかく分かれていた。

そして、アジア系のボスのスーは、チャイニーズ・マフィアだった人物で、ほかのラテン系やアフリカ系の囚人たちからも一目も二目も置かれていた。

いつもギャグばかり飛ばしている愉快な姐《あね》さんという感じのスーだが、彼女を怒らせたらヤバいというのはみんなの共通認識のようで、ケンカっ早いビッチ風の黒人女性のなかにも、スーに刃向かう者だけはひとりもいなかった。アイラインも眉毛《まゆげ》もばっちりタトゥーで入れていて、そのほか全身にもタトゥーがあるという。ただそんな大物マフィアだったスーの刑期は意外に短く三年だった。

「司法取引きしたんだよ。しないと何十年食らってたかわからないよ。私の周りには無期懲役になったのがいっぱいいたからさ。私の前の旦那《だんな》なんて、今や死刑囚だからね」

スーは、軽い調子でそんなふうに話してくれる。また、私がロシアン・マフィアのアレックスとの関係で入所することになったと知ると、こういう。

「私がいうのもなんだけど、マフィアには気をつけたほうがいいよ。私は司法取引きをしたことが大きいんだけど、今も命狙《ねら》われてるから」

スーがどこの刑務所に収容されたかは極秘事項なのにもかかわらず、スーの親戚《しんせき》の元へ、チャイニーズ・マフィアから、「スーは元気かい？　FCIのユニットNo・5にいるんだってな」という電話がかかってきたそうだ。

そんな話を聞かされて、「やっぱり司法取引きなんかしなくてよかったなぁ。する材料も何もなかったけどね……」とか思ったりした。ただスーは、「さすがにFCIの中にまではマフィアも暗殺者を送りこんでこないよ。それに刑期を終えたら、私は中国へ強制送還だからねえ」といっていた。

それは私も、そしてグリーンカード（永住権）を取得していたグロリアにしても同じだ。組織犯罪に関わった者は、刑期が何年だろうとアメリカからはほぼ永久追放になる。

あとでいろいろと知ることになるのだけれど、それがゆえに、アメリカ国内の家族と離ればなれになってしまう哀《かな》しい囚人女性がＦＣＩには多くいるのだった。

夕食が終わると、キャティがレクリエーションルームへ案内してくれた。

中央にはビリヤード台が二台でーんと置かれ、その周りにもたくさんテーブルと椅《い》子《す》があり、みんなドミノゲームやトランプをしたりテレビを見たりと、思い思いにくつろいでいる。その奥にはさらに個室が三つあって、キャティがその一室のドアを開けると、そこはアジア系グループの部屋らしく、一〇人ほどがスーを中心に編み物をしていた。

「今日新しく入ったトモミだよ。キャティとはストリートからの知りあい」

スーがみんなに、私のことをそう紹介してくれた。すでに仲間として認められているキャティの昔からの友だちということで、みんな笑顔で私を迎えいれてくれる。

そのなかに、ひときわふつうそうな女性がいた。リーという韓国人女性で、年齢は三二歳。キャティと同じく、二か月ほど前に入所したばかり。刑期は短く一一か月。マフィアでもプッシャーでもなくて、ボーイフレンドのドラッグ犯罪に巻きこまれて逮捕されたのだという。

「トモミ、そんなに心配しなくていいよ。FCIはそれほどこわいところじゃない。だいじょうぶ、だいじょうぶ。アジアの仲間がいろいろ助けてくれるしね」

リーはやさしくそういってくれ、私はとても心強く思った。グロリアやスーも同じように「だいじょうぶ」といってくれてはいたけど、やっぱり私からすれば、ラテン系でゴージャスなグロリアや、元マフィアのスーだからだいじょうぶなんだよ……と思わずにはいられなかったからだ。実際、キャティが私を食堂で見つけてあんなに喜んだのも、入所してからの二か月があまりにも寂しくて悲しくて、ほとんど泣き通しだったからなのだ。

だから、ふつうっぽさ満点のアジア系のリーに、「だいじょうぶ」といってもらって、やっと私の気持ちに少しだけ安心感が生まれた。けれどリーは、こうもつけ加えた。

「けどねトモミ、二か月もして慣れてくると、それはそれでまた、FCIのイヤな面や悲しい面が見えてきて、憂鬱《ゆううつ》になったりするよ」

このリーの言葉は、まだそのときの私にはわからなかった。それよりも、入所してから適当に放りこまれてしまった懲罰房の三日間にくらべたら、今日の午後からの穏やかさは天と地ほどの差があったので、それだけでもう満足していた。

そして、FCIが思ったほどひどいところではないことは、日がたつにつれて、さらによくわかってきた。とにかく、自由だったのだ。

囚人は全員、何らかの労働をしなければならないのだけれど、入所して一か月は猶《ゆう》予《よ》期間として、まだ仕事に就かなくてもよかった。朝五時の起床から午後一一時の就寝まで、すべてが自由時間なのだ。そのうえ、起床時間にしても形だけで、寝つづけていても文句はいわれないし、食事にしても、別に食べなくても何もいわれない。

ユニットごとにあるテレビルームは一〇畳ほどの広さで、いつも満室状態。

三台テレビがあって、うち二台は英語チャンネル、一台はスペイン語チャンネル専用になっている。いかにFCIにヒスパニック系が多いか、これだけでもわかる。英語をほとんど理解できない囚人もけっこういたりする。テレビは午後一一時まで。金曜と土曜は午前二時まで観《み》ることができてしまう。人気番組のときなどは、一〇〇人ほどのユニットの囚人がテレビルームに集中するから、ほんとギューギューになってしまうくらいだ。

オフィサーの監視も、そうきつくない。本来はユニットごとに担当オフィサーがいて、常に監視することになっているらしいが、かなり深刻な人手不足で、実際には二つのユニットをひとりのオフィサーがかけもちで見まわっているようだ。だから、ユニット内であまりオフィサーの顔を見かけることがなかったほどだった。

バッシィは銀行強盗

「グッモーニ〜ン！　Ｙｏ！　トモミ、調子はどーよ！」

朝。すごくイカツい黒人の男が私の部屋のカーテンを開け、ハイテンションで話しかけてきた。ＦＣＩに入って数日がたち、少しは慣れたつもりになっていた私も、一瞬こわくて、びっくりして、何も言葉を返せなかった。

（えっ、オフィサー？　でも囚人服着てるよな。この人、どっからどう見ても、男なんだけど……）

そのイカツい、まるでおっさんな囚人は、同じユニットのバッシィだった。

ここでは、囚人の三分の一ほどがバッシィのような、いわゆる「男役」なのだ。髪の毛も男みたいに短く角刈りやドレッドにして、しゃべり方も男。そして、女役の彼女を作る。

アメリカの女子刑務所は、ある意味、レズビアン社会でもあったのだ。

私が見たり聞いたりした感じでは、刑期の長い囚人（だいたい二年以上の人）は、みんな所内でカップルになっていた。男役と女役がくっつく、レズビアン・カップルだ。

だけどみんな真性レズというわけでなく、男がいないから仕方なくやっているので、それで男役をやる人が出てくるのだろう。

そして、一見こわくてイカツいバッシィは、実はやさしい人で、別に、口説いてくるとかそういうことじゃなく、新入りの私に気を遣って声をかけてくれたのだった。一緒にシャワールームに行こうと誘ってくれたり、テレビルームにも連れていってくれた。

彼女は（外見は彼、だけど）プロバスケのＮＢＡが大好きで、「ＮＢＡは好きかい？　日本人はバスケットボールはやったりするか？」と聞いてきて、テレビルームで試合中継を観ながら、今シーズンはあのチームが調子いいんだ、こいつはすごいプレイをするんだぜ、なんてていねいに解説してくれた。

驚いたのは、バッシィの罪状が銀行強盗だったことだ。

「銃と紙袋だけもってよお、銀行を荒らしまくってたんだぜ。けど、防犯カメラに顔を映されちまって、パクられちゃったわけさ」

ここは刑務所だからある意味当然のことなのだけど、最初のころは、銀行強盗と仲よく話している自分がちょっと信じられなかった。だけど笑ったのは、私がこう聞いたときの彼女の答えだ。

「でもさバッシィ、覆面かぶって銀行強盗すれば、逮捕されずに済んだんじゃないの？」

するとバッシィ、突然、あ！　しまった！　という表情になって、デカい声で、

「そうか！　その手があったか！」

私は本当に爆笑してしまった。でも今思えば、あれはバッシィが私を笑かそうとしていってたのかもしれない。バッシィは顔と前科に似あわず、本当にやさしい女性だったから。

そんなバッシィが、めずらしく落ちこんでいたときがあった。ものすごい沈みようだった。

どうしたのと聞いたら、二〇歳になる息子さんが、もう二週間も行方不明だという。

「そう……。でも、もう二〇歳なら、ちょっとどっかを泊まり歩いてるとかじゃないのかな。私だって、日本に住んでた一七歳のころは、一週間くらい家に帰らなかったことあるし」

私がそういうと、バッシィは、「そうかい、トモミも昔は不良娘だったんだな。あ、今もか、ハハハ」と無理やり笑顔を作った。けど、そのあとに続けた話を聞いて、私

にはもうなぐさめる言葉がなかった。

「けど、ここはアメリカだからな。たぶん、息子、もう殺されてるかもしれない……」

それからしばらくして、バッシィは私がいるユニットから、長期刑囚専用のユニットへと移っていった。主に懲役一〇年以上の囚人が入るユニットで、そこは通常のユニットよりも、さらに規則がゆるく、オフィサーも何かと大目に見てくれるのだという。

ここでは、本人からいわないかぎり、懲役何年なのかは聞かないのが暗黙の了解だった。

だから私もバッシィが何年の刑期か知らなかったけど、やはり長い懲役だったのだろう。

その後、息子さんがどうなったのか、私は今も知らない。

ルームメイトのグロリアやキャティ以外で、ＦＣＩでいちばん最初に仲よくしてくれたバッシィはまた、いちばん最初に囚人たちが抱えるさまざまな重みを私に教えてくれた人となった。

ランドリーに勤める

一週間ほどたって、とりあえずＦＣＩの仕組みなども覚え、ちょっとずつ慣れてきたころ、新たなつらさに私は襲われはじめた。

それは、囚人のくせにぜいたくいうなと怒られそうだけど、暇で、暇で、暇で仕方がないということだった。何もすることがないことがこんなにつらいなんて夢にも思わなかった。何かしなきゃ本当におかしくなってしまいそうだ。

せっぱつまった私は「内職」を始めることにした。「内職」とは、囚人たちの間における私的な仕事のことで、当然規則違反。けれどもオフィサーたちは、ほぼ黙認状態だった。ネイル、ペディキュア、メイク、髪の毛のカットやブレードヘアーなどの編みこみ、洗濯の代行や、グリーティングカードを代書する……とＦＣＩには、実に多種多様な内職がある。ネイルは三ドル、ペディキュアなら五ドルと相場も決まっていて、代金は現金のやりとりができないから、売店の商品で支払われる。

私は、自分でも得意にしていたこともあって、ネイルの内職をすることにした。お金がなかったので、代価としてもらえる売店の商品も魅力的だったけれど、何よりも格好の時間つぶしとして、みんなの爪《つめ》を塗る作業に没頭した。そしてまた、「やっぱ日本人は手先器用だねー」と私のネイルは囚人仲間にやたらと好評だったりした。

そうやって、プリズン・ネイル・アーティストをバリバリやっている私に、ある日、キャティが心配そうな顔でこういってきた。

「トモミ、そろそろ正式な仕事を決めないとやばいよ」

入所一か月以内に仕事を自分から申請して決められなかった者は、FCIの配属に従わなくてはならず、それはほぼキッチンか庭掃きなのだ。グロリアから聞かされてはいたけど、正式なオリエンテーションを受けていない私は今いちよく理解していなかった。

さぼれる庭掃きならまだしも、重労働のキッチンにまわされると最悪で、一度配属されると、転属願いを出してもなかなか代えさせてくれないらしい。リーは入所してすぐキッチンをやらされて、かなりきつかったという。そう、私はのんきにネイル・アーティストを気どっている場合じゃなかったのだ。

同じユニットで、となりの部屋のズマというプエルトリカンのおばさんも、私の顔を見るたびに、「トモミ〜、このままだとキッチン送りだね〜」なんてからかってくる。

このズマは一七歳のときに逮捕され、なんともう二五年間もFCI暮らしをしていた。

あと三年で釈放だという。つまり懲役二八年だ。ズマはニューヨーク・ブロンクス育ちのプエルトリカン・ギャングで、ある抗争事件で、仲間二〇〇人で三五人を皆殺しにしたそうだ。

二〇〇人で三五人を殺す。私には想像もつかない。

「うちはずっとギャングの家系なの。私のマミーも、おばあさんも、み〜んなギャング。でもね、うちらのギャング、強いのは女ばっかで、男はヘタレなのよ〜」

逮捕される直前に娘さんを産んでいて、もう二四歳になる。私と同じ年齢だ。しかも、ギャングの旦那《だんな》さんも今は刑務所にいるという。

「私はあと三年で出られるけど、旦那は無期懲役、一生出られないのさ」

そんなズマは、とても落ちついた気立てのいい女性で、刑期の長さもあってかユニットの主のような存在で、全員からリスペクトされていた。料理が本当に上手で、売店で調達した食材でいろいろ作っては、「トモミ〜、これ食べな〜」とよく私に御馳《ごち》走《そう》してくれる、気前のいい人でもあった。

そのズマの恋人のサンシャインがランドリーの部署のボス格で、現在ランドリーの職場は人手不足らしい。翌朝、すぐに私はランドリーへ行き、担当のオフィサーに申してると、あっさりOKが出た。次の日から働きにこいという。私はうれしくなって、すぐズマに報告すると、ズマも喜んでくれ、「サンシャインには、トモミの面倒ちゃんと見るように頼んどくからね〜」といってくれた。

ちなみにズマは、外の世界ではそんなギャングの猛者《もさ》だったわりに、せっせと恋人のサンシャインのために編み物を編んだりする。グロリアもあんなゴージャス美人なのに、若い少年のような「彼氏」にぞっこんで、かなり貢《みつ》いでいるらしかった。私と一番最初に会ったときに編んでいた編み物も、彼氏へのプレゼント用だ。

ズマの恋人・サンシャインは、子どものころから鑑別所や少年院を出たり入ったりしていた、叩《たた》きあげの不良少女だった。そのあげくに、若くして女子刑務所に入れられたので、男性経験が一切ないという噂《うわさ》だった。

プエルトリカンのきれいな女性だったけれど、声が本当にハスキーで、どうやったらあんなにガラガラ声になるのかなって感心するくらい、声だけ聞いていれば、まったく男だ。

ちなみに、私はどうだったかといえば……、やっぱりレズビアン・カップルにはなれそうもなかった。ただ一応、FCIの囚人たちの間では、キャティとカップルということにされていたので、ほかの誰かから言いよられたりすることはなかった。

キャティとは、いつもよくふたりでいただけなんだけど。

ランドリーの職場に配属が認められた午後、少しだけウキウキして、午後三時に配られるチェンジシートをオフィサーの元へ取りにいった。

チェンジシートとは、職場の新任や転属が記された紙のこと。私は、ようやくこのFCIで居場所を見つけられたような気がして、仕事が決まったのが妙にうれしかったのだ。

明日は何時にランドリーに行けばいいんだろうなぁ……そう思いながらチェンジシートを見て、愕然《がくぜん》とした。なんと、私の名前の横にある職場欄には「キッチン」と書いてあるではないか！　しかも、その下にも名前があって、そこには「ランドリー」とある。それって、もしかしてふたつの職場で働けっていうこと⁉

驚いてズマに見せると、「トモミ〜、キッチンとランドリーふたつかけもちで働くんだー！　大変だねー！」とゲラゲラ笑いだした。でも私があまりに落ちこんでいるのを見て、こういってくれた。

「どうせオフィサーがまたまちがえたんだろう。けど、たとえミスでもオフィサーがそう決めたら、そうなるのがＦＣＩだからねえ。でもまぁ、たぶん一か月もキッチンで働けば、ランドリーに転属させてくれるよ、平気平気！」

ズマは私をなぐさめるつもりでいってくれたのだろうけど、私は余計にショックだった。

なんでオフィサーのミスで一か月もキッチンで働かなきゃなんないの⁉

でも二五年もここにいるズマがいうんだからそうなのかなぁ。

実際、確かにズマのいうとおり、ＦＣＩでは何から何までオフィサー次第ではあった。法律で決められた規則よりも、オフィサーの指示のほうが優先されるのが現実みたいだった。

だから定められた起床時間を超えて昼まで寝ていても問題がなかったりするし、私みたいに、入所していきなり懲罰房に入れられたりもするんだろう。

翌日、朝四時にオフィサーに起こされ、食堂へ連れていかれた。キッチンの仕事はこんな早朝から始まるのだ。食堂へ着いてすぐ、私は担当のオフィサーに訴えでた。

「私は本当はランドリーなのに、まちがいでふたつの職場に配属されたんです」

担当オフィサーはチェンジシートを確認し、少し考えたあと、こういった。

「仕方ない。でも今日だけは働いてもらうよ」

一瞬、ホッとした。ズマのいう一か月じゃなくて本当によかった。

そして、朝食の残飯を片づける仕事に就かされたのだけれど、数時間働いただけで、なぜ誰もがキッチンの仕事をいやがるのかがよくわかった。何しろ重労働なのだ。次から次へと押しよせてくる一三〇〇人分のものすごい量の残飯を息つく間もなく片づけなければならない。朝食でこれだけ大変なら、夕食はどうなるのだろう。

そしてそれ以上につらかったのは、少しでももたもたすると、一緒に働く囚人がまるでケンカでも売るようににらんだり怒鳴ったりすることだった。

女性とはいえ、体重一〇〇キロを超えるようなのや、身長一八〇センチ以上のデカいのがゴロゴロしているのがFCIだ。ふつうの日本人男性が殴りあいをしても、絶対に勝てないと思う。それ以前に、日本人のほとんどの男は、FCIの女囚とケンカしようなんて気には絶対ならないと思う。それくらい彼女たちはたくましくて強そうでこわい。あとで知ったことだけれど、キッチンに配属されるのは懲罰房から出たばかりの者が多いそうだ。だから、ケンカっ早そうなゴツい囚人ばかりだったのかもしれない。

最悪なのは、ケンカを売られて無抵抗で一方的に殴られても、ケンカ両成敗で懲罰房に入れられる可能性が高いことだ。やっぱりもう絶対にキッチンでは働きたくない。

朝七時半になり、ようやくランドリーへの異動を命じられた。

担当オフィサーのミスター・ローレンスに、「朝四時からキッチンで働いていました」というと、「大変だったね。じゃあ今日は、仕事のやり方だけ覚えたら、もう休んでいいよ」といってくれた。ちなみにFCIでは、オフィサーに対しては尊称として、ミスターかミスをつけて呼ばなくてはならない。

ランドリーの仕事内容は、洗いあがった洗濯物をひたすらたたむというものだった。キッチンにくらべて、働いてる人たちがとてもフレンドリーだったのがうれしかった。

ミスター・ローレンスのポリシーが、「このランドリーで働きはじめた者が、その後一度でも懲罰房入りしたら、もうここでは働かせない」だからだという。こんなところにもオフィサー次第で物事は決まるという暗黙の掟《おきて》が生きている。これはよい例なのかもしれないけれど。

ランドリーの職場は、ボス格のサンシャインを始めヒスパニック系が多かった。

私がまず仲よくなったのは、ベタニアという、ドミニカンの女の子。見た目は美少女系なのに、実はとてもケンカっ早いコ。

「この職場に来るまでは、よく他の囚人と殴りあいやらかして、何人か血まみれにしちゃってね。二回ばかし懲罰房に入れられちゃった、てへっ！」

そんな物騒なことを、かわいい目をくるくるさせて楽しそうに話す。でも、仕事態度は意外とまじめだった。

コロンビア人のナンシーというおばさんは、とても穏やかでやさしい女性。

「ドラッグ絡《がら》みでパクられたのよ。もう一〇年以上もここにいるわ」

彼女たちって本当にラテンなんだな〜って思ったのは、ラジオでサルサ・ミュージックを大音量で流し、ダンスしながら、洗濯物をたたんじゃうこと。まるでミュージカル映画か、MTVみたいなのだ。みんなさすがにリズム感いいし。

よくそんなに踊りながらたためるなぁと感心していたけれど、よくよく見たら、実はみんな、あまりちゃんとはたたんでいなかった。折り目とかも平気で曲がってるし。日本人の感覚が染《し》みついている私からすれば、かなりいい加減で雑なたたみ方。まぁ、そういう点でも彼女たちはラテンということなんだろうな。

それでもランドリーはFCIでもまじめな働き者がいちばん集まる職場だというから、ほかがどれだけ雑なのか、考えただけでちょっとこわくなる。

洗濯と泥棒と大乱闘

こうして、私の職場は無事にランドリーに決まってよかったのだけれど、仕事とは別の、自分自身の洗濯物については、毎回、憂鬱《ゆううつ》な思いをしていた。

上下の囚人服＝ユニフォームは、私の職場であるランドリールームでいっせいに洗うのだが、なかに着るTシャツや下着、靴下などは、ユニットごとに備えつけてある洗濯機と乾燥機で、各自が自分で洗い、乾かさなければいけない。

最初、私はこの洗濯をなめていた。自分で手洗いしなきゃならないのならともかく、機械に放りこめばいいだけだから、なんの苦労もないじゃんと。

ところがFCIでは、その、洗濯機＆乾燥機を使うという単純な作業が、それこそ一種の修羅場になってしまうのだ。

私のいるユニットは三階まであって、その階ごとに、順番に洗濯をする。だが、洗濯機と乾燥機はユニットにそれぞれ二台ずつしかない。しかもたいていい一台ずつ壊れている。

オフィサーの介入なしに自分たちで順番を決め、洗濯をしなければいけないのだから、そのたった一台をめぐって、ケンカにならないわけがない。割りこみした、してないで言いあい、次の人に順番を教えなかったで怒鳴りあい、乾ききっていない洗濯物を誰かが勝手に放りだしちゃっては殴りあい寸前……。

もしそこで殴りあいのケンカに巻きこまれでもしたら、ケンカ両成敗で、あの恐ろしい懲罰房に入れられてしまうことだってある。だからといって、ビクビクして先を譲ってばかりいたら、すぐに消灯時間がきて洗濯ができず、汚れたままや濡《ぬ》れたままの下着で過ごさなければならないはめになる。

三日に一度やってくる洗濯の日になると、私の胃はずしんと重くなるほどだった。

「今日は誰とももめずに、無事に洗濯が終わりますように」

洗濯場の列にならびながら、ただ祈るだけ。

「ねえ、今日はこのあとすぐに仕事へ行かなくちゃならないから、順番代わって」

そうやって猫なで声の上目遣いでいってくる囚人は、実はだいたいが嘘《うそ》つきだった。

初めのうち、それがわかってなかった私は、いわれるがままに順番を譲ってあげていたが、ようやくの思いで洗濯を終えてレクリエーションルームの前を通ると、「仕事があるから」といっていた囚人が、お菓子食べながらテレビをのんびり観《み》ていたりした。それに、嘘つきだけじゃなく、泥棒だって多い。乾燥中にその場を離れたりすると、平気で洗濯物が盗まれたりする。

ある日、私はほんの一瞬、自分の部屋のロッカーの鍵《かぎ》をかけ忘れて、洗濯場へ行った。ほんの二、三分のことだった。でももどってきたとき、ロッカーに入れていたシャンプーや化粧品、ヘアバンド、お菓子などすべての私物がごっそりとなくなっていた。内職で貯《た》めたお金でやっと買えた物や、グロリアやバッシィがくれたりした、大切な物ばかりだったのに！　こういう盗みを平気でされてしまうこともショックだった。私はバカ正直にも、囚人はみんな仲間だと思いこんでいたから。

周りのみんなはとりあえず、「誰がやったんだ、ひどいね」といってはくれるけど、そんなやさしい言葉をかけてくるなかに盗んだ人がいて、腹のなかでは「ざまあみろ」とか思っていると考えたら、やっぱりこわくなった。グロリアはよく、「泥棒と一緒に暮らしてるんだから、ちょっとでも気を抜いちゃダメだよ」といっていた。「私なんか、三〇ドル分の私物を盗まれたことあるんだから。ここで三〇ドル分っていったら、かなりの大金だからね！」

信用できない人間に囲まれて生活しなきゃならないのは、心の芯《しん》が疲れてしようがない。

刑務所で刑に服しているのだから、心が疲れて当然なんだろうけれど……。

私がロッカーの中身をごっそり盗まれた次の日、運動場のベンチにいると、サンドラが近づいてきた。アフリカ系の二八歳の女性で、髪の毛をピンクに染めていて、かわいいけどちょっとゴツくて、まるで女性ラッパーみたいなサンドラ。恋人の彼女と公然とキスをしたりして、懲罰房にも何度か入れられたりしている。

オフィサーたちは、所内で囚人たちがカップルになることは見のがしてくれるけれども、キスしたり、それこそ肉体関係的なことは、即刻懲罰対象となるのだ。

また、宗教的理由などから、レズをよく思わない囚人たちもいる。けど、そんな人たちも、「まぁ、サンドラは仕方ないよね」という。「死ぬまでここから出られないんだから」と。

サンドラの懲役は、なんと二〇〇年だった。

懲役二〇〇年！　最初に聞いたときは、聞きまちがいかと思った。どんな罪なんだ？

サンドラ、やっぱりこわい人なのかな。見た目もちょっとすごいし。

だから近づいてきたサンドラが、私に何かいおうとしたとき、さすがに緊張してしまった。しかし、サンドラが私にいったのは、こんな言葉だった。

「昨日、誰かにロッカーの物、食べ物とか、全部盗《と》られちゃったんだってね。だから、お腹《なか》へってないかと思って……」

そういって、サンドラは私にツナのレトルトパックをふたつ差しだした。私は、びっくりしてしまった。サンドラとは同じユニットだけど、二、三度言葉を交わしただけで、そんなに親しくなかったからだ。サンドラはたぶん、もう一生ここから出られないのに、それでも人のことをこんなに思いやれるなんて、なんて心のきれいな女性なんだろう。

「ありがとう……」

私はとてもうれしくて、そのツナのレトルトパックを食べてしまうのがもったいなくて、しばらくの間ロッカーのなかに飾っていた。そして、これからは、絶対に人を懲役の年数だけで判断しないでおこうと思った。

あとで他の囚人から聞いて知ったのだけれど、サンドラの罪状は麻薬の組織犯罪で、恋人（これは、逮捕前の外の世界でだから、男性）がマフィアのドラッグ・ディーラーで、その恋人やマフィアに関して司法取引きすればもっと軽い懲役になったものを、一切拒否したため、二〇〇年になってしまったそうだ。私のケースと似ている。サンドラにくらべたら、私が懲役二年で済んだのは、それこそラッキーだったのかもしれない。

でももしかすると、あんなやさしいサンドラだから、恋人の罪までかぶってしまったのか。

そんなサンドラが、死ぬまでここから出られないなんて。

そう思うと心が痛んだ。


ＦＣＩにあるのは、洗濯機＆乾燥機だけではなかった。

なんと、電子レンジもユニットに二台ずつ置いてあって、自由に使ってよいことになっている。

最初、電子レンジを見たときには、「なんで刑務所なのにそんなものがあるの？」とさすがにびっくりしてしまった。

電子レンジは二台とも、朝から晩まで常にフル稼働《かどう》している。何かを温めるのに使うのはもちろん、みんな、電子レンジで料理を作っているのだ。食材は売店で買えるものもあれば、キッチンから裏ルートで持ちだされ、隠れて売り買いされている肉や魚なんかもある。これらを元に、ステーキやバーベキュー、魚のグリル、中華料理などをすべて電子レンジで作ってしまうのだ。

私はこれをFCIクッキングと勝手に名づけて、入所して数か月たったころからは、米などの食材を売店で買い、ソイソースなどで味つけして、ほとんどの食事を自炊するようになったくらいだ。

しかし、電子レンジのある周辺は、洗濯機&乾燥機と同じくケンカの起きやすい危険地帯でもあった。一応、暗黙のルールがあって、料理で一〇分も二〇分もレンジを使っている場合、ちょっとコーヒー用のお湯を温めたいという一～二分で済む用事の人には、中断して使わせてあげることになっている。しかし当然ながら、そんなルールをきちんと守れる人間ばかりなわけがない。他人の迷惑顧みず、一時間以上もレンジを独占してしまう人がいたりして、あげくあっさりケンカに発展してしまう。

私が初めて目《ま》の当たりにした壮絶なケンカも、そんな電子レンジをめぐってのものだった。

先にレンジで料理を作っていたのは、ドミニカンのベルキス。二〇歳そこそこのスリムな女の子だが、街のケンカ屋って感じのコで、よくもめごとを起こす。

そこへ、ポップコーンを作りにやってきたのが、体重二〇〇キロはありそうな、超おデブちゃんのカントリー。黒人で、やはりケンカっ早い。よく人に物をたかったりするので、彼女の評判はあまりよくない。私なんかは、「もしカントリーにケンカ吹つかけられたら、二秒で押しつぶされちゃうよ」と、その姿を見ただけでビビッてしまうほどだった。

そして、ベルキスvsカントリーの紛争が勃発《ぼっぱつ》した。

「誰だよ、料理してんの？　私、ポップコーン作りたいから、レンジ、空けな」とカントリー。確かにポップコーンは三分もあれば出来上がるので、一時的に使わせてあげるのがルール。けど気が強く、ふだんからカントリーをよく思っていないベルキスは譲らない。

「はぁ？　何いってんの？　私の料理が終わるまで、絶対にレンジは空かないよ！」

瞬間、二〇〇キロのカントリーがベルキスに飛びかかった。

ベルキスもまったく逃げずひるまず、カントリーの顔面にパンチを入れる！

最初、ふたりだけのつかみあいだったのが、一分もたたずにそれぞれの友だちが加勢して、五～六人が団子状態で殴りあうものすごい乱闘になった。周囲の人間がギャーギャーわめきだす。泣きだす子もいれば、やっちゃえやっちゃえとあおる人もいる。

そして、あっという間に、電子レンジの周りに二重三重の人間の輪ができる。囚人たちは日頃、退屈で刺激に飢えているから、ケンカが起きるといっせいにテンションがあがるみたいだ。騒動が始まった瞬間、ケンカを見るために、数十人もの囚人たちがいっせいに窓枠にバババーッとよじ登ったのを見たときは、私は思わず笑ってしまった。もう本当に、条件反射みたいに登るんだもん。ほんと、猿みたい。けど、笑えたのはそれくらいで、ドミニカンのベルキスと黒人のカントリーのケンカは、本人とその友だちだけでなく、いつの間にかヒスパニック対黒人の大乱闘になってしまい、そこら中で殴りあいが始まって、まるで暴動が起きているようだった。数十人規模の女同士の本気の殴りあい。服がビリビリに裂かれ、ものすごい怒声が飛びかう。

いつもは陽気で楽しい彼女らが、顔を真っ赤にしてブンブン拳《こぶし》を振りまわし、蹴《け》りをバシバシ入れている。私は、自分の足がガクガク震えているのに気がついた。日本やニューヨークで、男性同士のケンカに遭遇したこともないではないけど、こんな規模のこんな壮絶な大乱闘なんて生まれて初めて見た。こわい。こわすぎる。いったい、どうなるの？　そのとき、突然、誰かが叫んだ。

「ポリスだー！」

ポリスとはオフィサーのこと。ただ、オフィサーをポリスと呼ぶのはある意味、蔑《べっ》称《しょう》になるらしい。つまりは、「ポリスだー！」は、「オフィサーの野郎が来たぞ！　逃げろ！」ということなのだ。ポリスだ！　そのひと声で、大乱闘をしていたみんなの動きが、まるでストップモーションみたいにピタッと止まる。そして一瞬にして何事もなかったかのような顔になり、みんなその場からサーッと離れていく。

結局、数人が大乱闘の首謀者とされ、手錠をはめられ、懲罰房へと連行されていった。おデブちゃんのカントリーはお腹の前で手錠がつながらず、手錠ふたつをつなげて使われていたのが、ちょっとだけおかしかった。

売店仕事と仲間たち

ランドリーで働きだして一か月が過ぎたころ、担当オフィサーのミスター・ローレンスから呼びだされた。

「トモミ、君はとてもまじめに働いてくれているね。もしよかったら、コミッサリーの仕事をやってみないか」

コミッサリーとは売店のことで、売店業務はＦＣＩでも人気の仕事だった。なぜなら、給料が高いのだ。給料は職場と勤務レベルによって区分けされているのだけれど、コミッサリーだと最低レベルでも月一〇〇ドルが支給される。

刑務所内での一〇〇ドルは大金だ。そのころ、入所して一か月半ほどがたって、私はようやく母親が日本から送金してくれた現金を受けとれるようになっていた。けれど、刑務所にいてまで仕送りを受けるなんて格好悪いし、できるならば自分で稼ぎたい。だから、ふたつ返事で受けた。

ちなみに、所内でいちばん給料がいいのは、製造工場での仕事だった。ただし、これは長期刑囚じゃないとやらせてもらえない。グロリアはその仕事に長く就いていて、熟練工となり、月給二〇〇ドルを稼いでいた。景気のよい時期はさらに高かったそうだ。工場労働者のなかには家族へ仕送りしている囚人も多い。実際、衣食住は基本的に無料なわけだから、給料全部を送れば、物価の低い外国へだと、そこそこいい金額を仕送りできることになる。外にいてムダにお金を浪費するより、刑務所に入っているほうが多く仕送りできるなんて囚人もいるとか。なんか複雑な気がするけど、それもFCIのある面の現実だった。

ただ、その給料のいい工場とは、兵器工場だった。だから、クリスチャンの囚人などのなかには「人殺しの道具を作るのは信仰に反する」という理由で働かない人もいるそうだ。

翌日、売店の仕事の面接に行くと、ウルフカットの髪形に眼鏡をかけ、ちょっとゴツめのおばさんオフィサーが私を待っていた。

私をジロリッとにらみつけ、「日本人？　めずらしいね？」とぶっきらぼうにいう。

私がちょっとビビッていると、急にガハハッと笑い、

「ミスター・ローレンスから聞いてるよ。まじめに働くんだってね。いいよ、明日から来な！　それと、私、こんな風だからこわく見られるけど、そんなことないから

ね！」

そういって、「私は、ミス・ディーだよ。これからよろしく」と握手してくれた。

ミス・ディーは素敵なおばさんだった。レズビアンを公言していて、囚人たちとも気さくに話す、とても感じのいいオフィサー。

売店には六人の囚人が働いていて、来年出所予定のシルビアをのぞけば、全員刑期一〇年以上のベテランたちばかりだ。

新米の私に仕事を教えてくれる担当は、プエルトリカンのジャネット・ソト。年齢三三歳。

「あんたもニューヨークに住んでたの？　日本人なのに？　私はね、ブロンクス生まれのブロンクス育ちさ！　ここに来るまではブロンクスから出たことないよ！」

という、サウスブロンクス育ちの姐御《あねご》肌《はだ》のノリのいい女性。ソトのほかにもブロンクス出身者はかなりＦＣＩにはいて、ほんと、「ブロンクス育ちはみんな友だち！」みたいな、ラップみたいなノリ。さすがにブロンクスはＨＩＰＨＯＰの本場だけあるなーって思うしかなかった。そんな陽気なソトも、刑期は二〇年。

「二〇年って、ソト、なにやったの？」

恐る恐る聞いてみた。

「んー、銀行強盗やっちゃったんだけどさー、逃げるときにねー、人をプスッてナイフで刺しちゃってさー、それでさらに罪が重くなっちゃった、ハハハ」

軽い感じで笑って話してくれたけれど、本当に後悔しているという。なぜなら、一四歳になる娘さんがいるからだ。

「娘がね、たまにだけど面会に来てくれるんだよ。そのたびに大きくなってるんだよねえ。だから、ティーンエイジャーのいちばん大事なときに、娘の成長に関われない自分が情けなくてね。娘にだけは、私みたいに悪くなってほしくないから……」

私はニューヨークに三年間暮らしていたけど、ソトが生まれ育ち、今はソトの娘さんが暮らすブロンクスには一度しか行ったことがない。

正直、日本人でわざわざブロンクスに行こうという人は、まずいない。ニューヨーカーでも、「ヤンキースタジアムに行く以外はブロンクスには一歩も足を踏み入れたくない」なんていう人もいる。

私は一度だけ、ニューヨークに住みはじめてすぐのころにブロンクスのクラブに遊びに行ったのだけれど、そのときもふつうに人が歩く道なのに、五メートルごとくらいにドラッグの売人が立ちならんでいて、本当にびっくりした。マンハッタンとブロンクスは地下鉄に乗ればわずか三〇分ほどの距離なのに、まるで別世界だった。

アメリカにおいて黒人やヒスパニック系は、大学に進学する人よりも刑務所に入る人の割合のほうが多いというのを本で読んだことがある。だからソトのような生粋《きっすい》のブロンクス育ちだと、ふつうにギャングスタ（ギャングの一員）になっちゃうのかもしれないし、ふつうにドラッグビジネスに手を染めちゃうのかもしれない。ただ、銀行強盗で懲役二〇年っていうのは、さすがになかなかいないだろう……とも思ってしまうけれど。

そんなソトが、ある日の仕事中、真っ赤な顔をしてドアを乱暴に閉めた。陽気な彼女にしたらめずらしいことだ。ソトは、売店の商品購入の整理券を囚人たちに配る仕事の最中のはずだった。激怒した口調で話しだす。

「ムカつく！　あのビッチめ！　なめやがって！」

どうやら、誰かにケンカを売られたらしい。しかしソトは、娘さんとの面会を禁止にされたくないし、グッドタイムをもらって懲役期間を短くしたいから、懲罰対象になるケンカは絶対にやらないと決めている。だがタチの悪い囚人は、それを知っていてケンカを吹っかけてきたりするのだ。

「あんな連中、ここがFCIじゃなかったらボッコボコにしてやるのに！」

売られたケンカは倍返し、なめられたらただじゃおかないがモットーのサウスブロンクス育ちのソトからしたら、耐えられない屈辱なんだろう。けれど、怒りまくるソトをほかの売店のメンバーがなだめる。

「子どものことを考えるんだよ、ソト！　そしたら、どんなことでも我慢できるはずだよ！」

ソトを含め、売店メンバー全員が子持ちなのだ。子どもがいないのは私だけだった。いつもは彼女たちを見て、「単純で子どもっぽいなぁ」なんて思っていたけど、実はみんなお母さんなのだ。私は、刑務所に入るとき、母を悲しませてしまったのがいちばんつらかったけど、彼女たちは子どもと引き裂かれ、ここにいるのだ。

そう考えると、複雑な気持ちにならざるをえない。

彼女たちのほとんどは、「子どもを育てるために、悪い仕事に手を出して、それでここに入るはめになっちゃったのよ！」と主張するけど、でもやっぱり子どもは、刑務所に行ってしまった自分のママを恨んでいるかもしれない。お金のために悪い仕事に手を出したママを軽蔑しているかもしれない。

そして、母親と離れて育ったその子どもがまた、お母さんと同じように悪い仕事に手を出して、刑務所に入れられてしまうのかもしれない……。

売店の仕事は、想像よりはるかにハードだった。囚人たちからのオーダーシートを元に、その商品をバスケットに詰めて、整理番号順にならべる。棚から商品がなくなれば、倉庫まで行って補充する。倉庫にないものは注文票を出す。仕事内容としてはこれだけ。

「簡単じゃん。単純作業だし、これで月一〇〇ドルならやっぱラッキー」

そう思った私が甘かった。担当になってあらためてわかったのだけれど、なにしろ、ここは本当に刑務所のなかなかなワケ？　と思ってしまうほど、売店で扱う品数は多い。

ざっとあげてみるとこんなふうだ。

食料品＝飲み物は、コーラ、ジュース、ソーダが数種類。インスタントコーヒーや紅茶にココアもある。お菓子は常に二〇種類ほどが置いてある。ポテトチップスからチョコレート、キャンディー、電子レンジで作るポップコーンまで、いろいろ。アイスクリームもある。食材だと、フリーズドライのお米、パンに、パックされたチキンやツナ、ソーセージ。

調味料もそろっている。あと、マルちゃんラーメン。カップと袋麺《ふくろめん》がそれぞれある。ただし、肉や野菜などの生鮮食料品はない。

生活用品＝洗剤、シャンプー、リンス、簡単な化粧品など。薬も、風邪薬、胃腸薬、水虫や痔《じ》の薬まで常備している。あと、編み物をするための毛糸は、かなり豊富にそろえてあったりする。それに、ラジオと電気スタンドも買える。そして、煙草《たばこ》だって売っている。

またお菓子や化粧品なんかは、一週間ごとに新製品が入ってきたりして、売店前のショーウインドウに飾られるようになっている。

これらすべての商品の値段は、ほぼ通常価格だった。そして、これでも、ここコネティカット州ダンベリーの連邦刑務所の売店は品数が少ないらしく、あとふたつある連邦刑務所の売店では、約二倍の品数が売られているという。しかも、州刑務所では、CDプレイヤーにCD、ゲームボーイまで販売されているらしい。すごいよね……。

ただし、それらの品物を直接手にとって買うことはできない。囚人たちはオーダーシートにほしい品物を書き、それを私たちにわたす。私たちはオーダーシートを元に、品物を倉庫から出し、囚人ごとのバスケットに詰め、配る。

お金の支払いは「所内カード」で行う。囚人は全員、所内用の銀行口座をもっていて、仕事の給料はそこに振りこまれる。外から送金してもらうこともできる。売店で買った品物代金はその口座から自動的に引きおとされる。所内にはATMまであって、現金は引きだせないけど、自分の口座の残高照会などはできるようになっている。

これだけの種類の商品を、約一三〇〇人の囚人相手に毎日売るわけだから、もう本当に大変なのだ。一日あたり二〇〇個以上、給料日なら二五〇個以上の個人バスケットに細かく注文されたさまざまな商品を収めていかなければならない。商品がなくなると倉庫へ走り、二階建ての巨大なラックにはしごも使わずに登り、そして飛びおりるのだ。

私以外の売店メンバーはみんな体が大きく、身長一八〇センチ以上が四人もいて、小さな私は大変だった。段ボール箱も重いし。しかも売店は囚人たちの欲望が爆発する場所だから、商品のまちがいや遅れはトラブルの元になる。だから常にスピードアップしてなきゃならない。仕事を始めてからの一週間で、両腕の肘《ひじ》から下が全面内出血状態でどす黒く腫《は》れてしまったくらいだ。

仕事が終わると、シャワーを浴びて、倒れるように寝る毎日だった。もうバタン、キュー。翌日、ギリギリまで寝ても疲れはとれない。朦朧《もうろう》としたまま、商品をバスケットに収め、売店と倉庫の間を駆けぬける。この仕事をミスター・ローレンスから紹介されたときは、私がまじめな日本人だから優遇されたのかなぁなんて思っていたが、下手するとうまくやられちゃったのかもしれないよ……。

けれど、私は売店の仕事をやめる気持ちはさらさらなかった。仕事はキツい。

けどFCIの囚人たちの間でこういう言葉がある。「Time goes fast」時間が早くたつ。そう、仕事がハードであればあるほど、忙しければ忙しいほど、時間が早く過ぎ、毎日が早く終わり、出所日が早く近づく。

そういう意味では、毎日走りまわる売店の仕事は、それこそ、時間を早く消費するにはうってつけだった。

そして、やっぱり、給料がいいことも大きな魅力だ。私などは、何かあれば日本から母がお金を送ってくれるから大いに恵まれてはいたけど、売店の仕事仲間に、外からお金を送金してもらえる立場の人はひとりもいなかった。逆に、自分だけでなく夫や兄弟のだれかが同じように刑務所に入っているという囚人は、かなり多くいた。

ミレイヤというおばさんも、旦那《だんな》さんが囚人だった。ミレイヤはドミニカ生まれの移民で、ものすご〜く気立てがよくて、FCIのなかを歩いていても、みんなが、「ハーイ、ミレイヤ、元気？」とか声をかけてくるので、なかなか前に進めないくらいの人気者だ。

彼女はまるで私のお母さんのように、売店の仕事に慣れない私を気に掛け、いろいろ教え、世話してくれた。

アメリカの刑務所では、女同士で恋人関係になるのと似た感じで、疑似姉妹関係や疑似親子関係を結んだりする。それは「プリズン・シスター」や「プリズン・ママ」
「プリズン・ドーター」というのだけれど、ミレイヤは私のプリズン・ママと呼びた
いくらいにやさしかった。ただ、超人気者のミレイヤには、いっぱい自称プリズン・
ドーターがいる感じではあったけれど。

ミレイヤの懲役は一〇年で、ドラッグの組織犯罪に関わった罪。旦那さんの犯行に
巻きこまれた形のようだ。私自身がアレックスとの関係で逮捕されたからいうのでは
ないけれど、ＦＣＩにはこの手の、「恋人がやってて、自分も共犯にされた」「旦那が
マフィア絡《がら》みの裏仕事だったから」というのが本当に多い。

ある日、ミス・ディーが悲しそうな表情で私たちに告げた。

「ミレイヤは本日、お休みになります。喪に服すためです。ミレイヤの夫は、刑務所
内で感染症にかかり、昨日亡《な》くなりました」

女子刑務所にも男子刑務所にも、感染症患者はかなり多くいる。ＨＩＶポジティブ
の囚人も相当なパーセンテージだろう。食中毒もよく発生する。健康ならばいいが、
少しでも体が弱っていると、簡単に感染して、知らぬうちに病原菌のキャリアになっ
ている。

刑務所内で病気で死んでいく囚人も少なくない。刑務所内の医療設備は整ってはい

ないし、外の病院などへはなかなか連れていってもらえない。私のルームメイトであるグロリアも心臓の病気をもっていて、ＦＣＩで心臓発作を起こし、倒れたことがあるといっていた。

「そのときだって、医者に見てもらえたのは倒れてから三〇分以上たってからだったわ。だから、次に私が心臓で倒れたら、それは死ぬときかもしれないね。刑務所のなかで大きな病気を患《わずら》うってことは、常に死と隣りあわせにいるってことだから」

翌日、ミレイヤはふだんどおりに売店の仕事にやってきた。悲しいにちがいないけれど、何日も泣いて暮らすわけにはいかない。旦那さんがなくなったら、余計に自分で稼がなければならないから。

刑務所は悲しいところ

売店での休憩時間はよく、ケミーと、おしゃべりや編み物をして過ごした。

ケミーはナイジェリアから移民としてアメリカにやってきた女性だ。

刑務所内でみんなが話すことといえば、たいていが仲間の噂話《うわさばなし》。誰と誰がつきあっている、あの子とあいつが別れた、といったレズビアン・カップルの話。

けれど、ケミーはそういった話が嫌いみたいで、いつも物静かに編み物をしている。

話すことといえば、自分が生まれたナイジェリアの話。お返しに、私は日本の話をしてあげる。聞けば、ケミーは大学院まで卒業しているという。FCIではめずらしいかなりのインテリだ。ただ、とてもおしとやかでやさしい子なんだけど、いつもどこか暗い感じがする。

一度、「ケミーはきれいなんだからさ、もっとニコニコ、笑顔でいたほうがいいと思うよ」といってあげた。すると、ケミーはちょっと驚いて、こういった。

「えっ!?　私って、そんなに暗い表情ばっかりしてる?」

ケミーは、落ちこまないように落ちこまないようにと、いつも自分に言いきかせているのだという。それでも暗い顔になってしまう理由を、ケミーはこう表現した。

「刑務所は悲しいところだから。仕方ないよね」

私は、このケミーの言葉がとても胸に響いた。刑務所は悲しいところ……。

うん、犯罪を犯した人間が、罰として収容されるのだから、楽しいところだったりするはずはないし、そうあってはおかしい。厳しく、悲しい場所であって当然だろう。

だけどまた、日本人の感覚からすれば、アメリカの刑務所は相当な自由にあふれているともいえる。テレビも観《み》られるし、ラジオも聴ける。化粧もできるし、お菓子も食べられる。売店もある。レクリエーションルームも、スポーツジムまである。起床時間すら自由。

規則だって、それにがんじがらめにされるようなことはない。女同士の恋愛すら、ある意味、自由。まぁ、暴動みたいな大ゲンカがあったりと恐ろしいこともいろいろあるけど。

でも、ケミーのいう「刑務所は悲しいところ」という意味は、そういう刑務所のシステム的なこととはちがうんだと思う。

単純な刑務所への不満というものでもないような気がする。それは、「刑務所は、アメリカの悲しい部分が集まるところ」とでもいうような……。

ケミーはナイジェリアで生まれ、アメリカへ移民としてわたり、がんばって奨学金を得て、大学へ進学し、大学院にまで上がったという。

黒人移民としては、ある面、成功者といえたかもしれない。けど、ケミーはシングルマザーだった。お父さんのいない幼い子どもがいた。これも、黒人系女性にはすごく多いケースみたいだ。そして、貧困。

「お金を稼ぎたくてね、誘われて、ドラッグの密売に手を出したの。子どもを育てるためにお金がどうしても必要だった。言い訳にならないけどね……」

ケミーが関わったのは、違法ドラッグのなかでも特に危険で致死率も高く、高価な、ヘロインの売買だった。そしてケミーはすでに一〇年、このFCIにいる。子どもは施設に入れられ、逮捕されてからは一度も会えていない。

あと何年FCIにいなければならないのかは、本人が教えてくれないからわからない。私も聞かなかった。刑務所は悲しいところ……。

ここは連邦刑務所なので、組織犯罪絡みの囚人が多い。そして、組織犯罪に女性が関係するとなれば、圧倒的に麻薬ビジネスが多かった。私自身がそうだ。

アメリカにおいて、組織的な麻薬ビジネスに対しての刑罰は想像を絶するほど重い。

街角でドラッグを売っている売人やギャングスタなら、逮捕されても罰金だけだったり、強制キャンプに数週間、または州刑務所に半年間程度だったりする。ちなみに強制キャンプは刑務所よりはるかにゆるい。自宅から通えるキャンプもあるほどだ。

だから、アメリカのショービズ・音楽業界などで、よく黒人ラッパーが、デビューする前はプッシャーだった、ギャングスタだったみたいなのを「オレ様はワルだぜ！」みたいに売りにしているのを見ると、まぁ下《した》っ端《ぱ》だったんだろうなぁって思ってしまう。だって、もし本格的に組織的にやってたら、このFCIの囚人たちみたいに、平気で懲役一〇年や二〇年にされてしまうからね。

ちなみに、殺人や強盗などの暴力系犯罪者は、ほとんどが州刑務所に行く。

だから、FCIは重罪の囚人が多いけど、他の州刑務所にくらべると、はるかに所内の雰囲気がまともで穏やかなんだそうだ。ただし、FCIのあるコネティカット州に近いワシントンDCから、本来ならば州刑務所に収容されるはずの囚人が移送されてくることがあって、そういう囚人に対してはよくこんなことをいう。

「あいつ、ワシントンだよ。ヤバいよ！」

ワシントン＝暴力系犯罪者、という意味がわからないころの私は、「なんでワシントンがヤバいんだろう？」と不思議でならなかった。

私の親友となったキャティも、ケミーと同じようにいつも暗い顔をしていて、「刑務所は本当にいや。早く出たい早く出たい」とばかりいっている。最初の一か月間ほどは、毎日ずっと泣いていたそうだ。

キャティは私より一歳若い二三歳。映画女優のチャン・ツィーに似た、けっこう美人な韓国人の女の子だ。ニュージャージーの大学に通っていて、でも私とニューヨークで何度か顔を合わせたころはもう大学をやめていて、コカイン・ジャンキーで、アレックスの下で売人をやっていた。

もし、アレックスみたいなマフィアとじゃなく、そこらへんの地元のギャングスタから麻薬を売り買いしていただけなら、それこそ半年程度の強制キャンプか、うまくいけば道路掃除の強制ボランティア程度で済んでいたかもしれない。

キャティが韓国からアメリカへ移民としてやってきたのは小学校二年生、八歳のときだったという。お母さんとキャティたち三人の子どもで海をわたった。理由は、貧乏だったから。

「パパは牧師だったんだけど、私がまだ小さなときに、ママの友だちの女の人とデキちゃって、どこかへ消えちゃった。ママは女手ひとつで私たちを抱えて、貧乏で貧乏でご飯もまともに食べれなくて。どうしようもなくなって、すでに移り住んでいた親《しん》戚《せき》を頼って、アメリカに来たの」

キャティがアメリカに来たときのいちばんの思い出は、親戚のおばさんがアメリカ製のお菓子をくれて、それを幼い兄弟と一緒にお腹《なか》いっぱい食べたこと。

「こんなにおいしいお菓子を、こんなにたくさん食べれるなんて、アメリカってなんていい国なんだろうって思った」

けれど、そんなアメリカのお菓子（正直、日本で育った私は、アメリカで売っているお菓子をそんなにおいしいと思わないんだよね）で大喜びしていたかわいい少女だったキャティも、年月がたつうちにアメリカという国のダークな部分に染まっていく。ドラッグだ。

「ママはね、工場で一生懸命働いて、私を大学に進学させてくれた。なのに私は、遊び半分でコカインに手を出しちゃって……」

平凡なふつうの女子大生だったのに、コカインにはまり、勉強もおろそかになり、アメリカの大学はそれなりに厳しいから、留年し、あげくに中退。しかも、大学をドロップアウトしたことで、よりコカインへの依存は強くなっていく。

「大学やめたころはね、もう朝から晩までコカイン吸いつづけた。コカインでハイになってるときだけが楽しい、生きてるって感じ。コカインが抜けてるときは、『いい加減やめなきゃ、このままじゃ、絶対死んじゃう』って真剣に思うんだけど、でもまたコークがほしくなって……。ハイになる快感と、落ちこむ後悔の繰りかえしで、毎日、意味もなくへとへとになっちゃってた」

そんな調子だから、仕事についても長続きするわけがない。でもコカインを買う金はほしい。行きつく先は、自分がプッシャーになることだった。

「プッシャー時代の私は……むちゃくちゃな女だった。ドラッグを買うためにドラッグを売って。有り金は全部、コカインにつぎこんで。ねずみも寄りつかないようなボロ家に住んで。体も心もボロボロ。それにあのころ、トモミとも何度か顔あわせてるけど、私、ろくなあいさつもしてないでしょ」

そう。アレックスの下で売人をやっていたころのキャティは、ガリガリに痩《や》せていて、目つきが異様にとんがっていて、化粧もすごく、ビッチ度満点の女の子だった。

けれど今のキャティは、その時代のことをとても後悔している。

それは、むちゃくちゃだった自分の生き方を反省しているということもあるし、お母さんに死ぬほど心配をかけているということもあるけど、それ以上に、「ここFCIに、刑務所に入れられたから。そして、今もここにいなくちゃならないから。一〇代のころの自分に、ほんといってやりたい。二三歳のあんたは刑務所に入れられてるんだよ、ほんと、最低なんだよって……！」。

そんな刑務所大嫌いの囚人・キャティは、だからこそ、がんばってあるチャレンジをしている。彼女は所内で「ドラッグプログラム」を履修しているのだ。

これを最後までやりとげると最高で一八か月の減刑措置が与えられる。初犯で、アメリカ国籍（市民権）をもっている者なら誰でも受けられる（ゆえに日本人の私は受けられない）。

ただし、無事に卒業し、減刑を勝ちとるのはかなり大変だ。

プログラム期間は九か月間。その間は、専用ユニットに住み、特別授業を受け、通常よりもこまかいルールの下で規則正しい生活をしなければならない。三回ルールを破ると失格。しかも、プログラム履修者たちの間でいじめがあったり、また、減刑を妬《ねた》むほかの囚人からいやがらせされたりと、目に見えない障害もある。ふつうにFCIで刑に服するよりも何倍ものプレッシャーがあるのだ。でもキャティはいう。

「大変なのはわかっているけど、でも、私を待ってくれているママのことを思うとがんばれる。それに一日でも早く出所したい。もう私、ギリギリだよ……」

彼女は本当にFCIにいることがつらくてつらくてたまらなくて、私が入って来てからも、ほぼ毎日泣いている。

「トモミはよく平気でいられるね。信じられないよ」

う〜ん、そうかなぁ。そういえば、「刑務所は、悲しいところ」といったあのケミーからも、「でもトモミは、なんか楽しそうだからいいね」といわれ、「え？　楽しそう？　この私が？」と、驚いたことがあった。

そのときの私は、まだFCIに来てから二か月もたっていなかった。毎日必死に働いて、早く時間が過ぎればいいなぁ〜って思ってるだけだった。あと、あまりに刑務所が自由で、それにみんなけっこうやさしい人が多いから、かなりホッとしてた部分はあった。

でも、すでにFCIに七年近くいるルームメイトのグロリアも、「ユニットに入ってきて、初日に泣かなかったのはトモミくらいだねえ」といっていた。

けどそれは、私が特別強い意志をもってるとか、その逆にすっごく能天気（ん、ひょっとしたらこれは少しあるかも……）とかだからじゃないと、自分で思う。

まず、ユニットで泣かなかったのも、いきなり放りこまれた懲罰房の三日間でさんざん泣きちらしたからっていうのがある。懲罰房の騒々しさ、孤独感からくらべたら、ユニットの解放感は格別だった。そういう意味では、いきなり最悪の懲罰房に入れられたのは、やっぱりよかったのかもしれない。絶対に二度とあそこには入れられたくないっていう、目標というか、指針みたいなのもできたし。

それに、ぐじぐじ悩んだり、いやだいやだと毎日泣いたりするよりは、「アメリカの刑務所、なかなか面白いじゃん！」くらいのノリで過ごしちゃったほうがいいでしょ。

刑に服し、罪を反省する本来の姿からすれば、かなり囚人失格だろうけど。

密《ひそ》かな楽しみ

そして、囚人失格な私は、刑務所内で密かな楽しみすら見つけだしていた。

FCIでの楽しみ。まず、そのひとつは食事だ。

懲罰房で出たグリッツのまずさには驚いたけど、あくまでもあれは、懲罰ご飯。実際に食堂で出される食事は、朝・昼・晩とも、「臭い飯」なんて言葉からほど遠いくらいおいしかった。下手なニューヨークのレストランなんかよりも、よっぽどおいしい。

代表的なメニューはこんな感じ。
●朝食　パン三枚、ゆで卵二個、コーンフレーク取り放題。飲み物はドリンクバー。ミルク、コーヒー、紅茶、フレッシュオレンジジュース、すべて飲み放題。
●昼食　ハンバーガー、チキンフィレサンド、タコスなどから、毎日一品が日替わり。スープバーとサラダバーがあり、サラダは種類がとても豊富。ドレッシングも六種類。そして、昨夜の夕食の残ったおかずが取り放題となって積まれてある。
●夕食　フライドチキン、ハンバーグ、スパゲティなどから、毎日一品が日替わりで出る。毎日曜日はローストビーフ。あと、スープ&サラダバー。それに昼食の残り物。

そして、食堂メニューもいいけれど、食堂以外でもおいしい物が食べられるのがFCIのすごいところ。あの例のユニットごとにある電子レンジを使って、みんなが思い思いの得意料理を作り、お食事会を開いてしまうのだ。

アジア系グループでは、女ボスのスーが週一回、みんなにお手製の中華料理を振まってくれる。炒飯《チャーハン》、焼きそば、スープたっぷりの水餃子《すいぎょうざ》……。どうやれば電子レンジだけで、しかもかぎられた食材や調味料で、こんなにおいしい中華が作れるんだろうと、とても不思議でならなかった。

その秘密のひとつは、売店で売っている食材以外に、キッチンから肉や野菜、チーズなどを横流しで手に入れているからだった。それら裏の食材はすべて値段も決まっていて、最も人気の商品はモッツァレラチーズ。だが、ただひとつどうしても手に入らないのがアルコール類で、しかし、これだって所内で隠れて密造酒を造る囚人がいるらしい。

密造酒は、英語のスラングで「フーチ」と呼ばれる。果物に角砂糖などを入れ、オフィサーの目を必死で盗んで、密かに醸造するのだ。

ただし、「フーチ」造りはバレるとケンカなみに罪が重い。懲罰房入り一か月半に、グッドタイム（減刑措置）も取り消されてしまう。

所内密造酒の「フーチ」に関しては、こんな事件もあった。

ミランダというプエルトリカンの女の子の話。彼女には、中年白人の「シュガーダディ」がいて、毎週面会に来て、かなりのお金も送金してくれていた。「シュガーダディ」を和訳すれば、まぁ、愛人というか、援助パパというか。

あるとき、ミランダは面会に来てくれたシュガーダディとケンカしてしまい、困っていた。送金をストップされてしまうからだ。困ったミランダは、おばあさんに電話で相談した。

するとおばあさんは、「だったら私が、プエルトリコに昔から伝わる、男とよりがもどるおまじないを教えてやるから、それをやりなさい」という。

ミランダは、おばあさんの教えどおりに、おまじないを実行した。

フルーツとハチミツを黒い瓶につめ、誰にも見られない場所に三週間置くこと。

そして事件は起きた。あと数日で三週間になろうとするときに、その黒い瓶がオフィサーに見つかってしまったのだ。

「誰だ！　この黒い瓶で酒を造ってるのは！　正直に名乗りでろ！」

結局、ミランダは「フーチ」製造の犯人として、懲罰房に入れられてしまった。本人としては、おまじないをしていただけだったのに。かわいそうなミランダ……。けど、何度も懲罰房に入れられているミランダは、けろっとしてこういった。

「でもさあ、あれから、シュガーダディとはよりをもどせたんだよね。だからあの、ばあちゃんのおまじないは効果あったわけ。へへへ……。プエルトリコ万歳！」


食べ物に関してだと、売店で働く私たちにはおいしい特権もあった。

それは、「不良品食べ放題」！

袋が破れたりした商品は、私たちがもらい、食べていいことになっているのだ。だから休憩時間には、オフィサーのミス・ディーも交えて、みんなでお菓子をボリボリ食べることもしばしば。そんなときの話題は、やっぱり、FCI内での恋愛話。ミス・ディーもレズビアンだから興味津々《しんしん》みたいで、かなり盛り上がる。仲よしのケミーはこの手の話が苦手だけれど、私は実のところ、噂話《うわさばなし》、けっこう好きだったりして。ちょっと（かなりか？）柄の悪い女子校のノリで、楽しい。

でも、食堂や電子レンジ、売店で買えるマルちゃんラーメンにお菓子がもたらしてくれる楽しい時間は、それと引きかえに私に恐ろしいプレゼントをくれる。

それは……デブになってしまうこと！　男の囚人たちは刑務所内では筋トレに励み、みんなマッチョになるらしいけど、女の囚人はそれにくらべると情けない。みんな、確実に太る！　八割方は太る！　売店仕事は相当なハードワークのはずなのに、気がついたら二か月で一〇キロ近く太ってた！　あり得ないぞ！

しかも、そのころの私は、コンタクトレンズを使えないから、度の強いダサい眼鏡をかけ、髪の毛は無造作にひとつに結び、メイクもおざなり。ニューヨークにいたころは、メイク命、ネイル命、おしゃれ命、男ウケ命の女の子だったのに。別に、どうせまわりが女ばっかりだから外見なんかどうでもいいや……と割りきっていたのではない。

逆にそう割りきれれば楽だったと思う。実際は、どんどんブスになっていく自分がいやで、鏡を見るのさえつらくなっていた。刑務所で何を勝手なわがままいってんだって話なんだけど、おしゃれする楽しみ、自分を磨く喜びを根こそぎ奪われるのは、女の子としてはやはりきつかった。

その証拠に、私は毎晩、同じ夢をみてうなされた。

それはコンタクトレンズをして、きれいにメイクをして、ヘアーサロンに髪の毛をカットしにいく夢。正確には、サロンに向かうのだけれど、毎回毎回いつも何かの邪魔が入って、結局、髪の毛を切れない夢。

また、こんな夢も見た。何か楽しいこと——友だちとおしゃべりしているとか、クラブで踊っているとか、映画を観《み》ているとか、ショッピングしているとか——そういうことをしていると突然ホイッスルが鳴って、オフィサーが現れ、点呼が始まり、私だけがFCIに連れもどされてしまう、そんな夢。

そして目が覚めても、そこはFCIの二段ベッドの上だから、目覚めとともにふたたび気が滅入《めい》ってしまう。このいやな夢は、FCIにいる間中、毎晩毎晩ずーっと見つづけた。

けれど、寝る前のひとときは、逆に私のささやかな楽しみの時間だった。

私がアメリカの刑務所に入っていることを知っている数少ない友だちや母が、日本語の本を送ってくれたからだ。

ニューヨークにいたころも、その前に東京で暮らしていたころも、私は読書とはかなり無縁の女の子だった。愛読書といえば、ファッション誌か音楽誌。映画はよく観たけど、本なんてぜんぜん読まなかった。それがFCIでは、いきなり読書家になってしまったのだ。

やっぱり、日本語に飢えてたからだと思う。FCIでは、日本語をしゃべることはほぼない。「外に出たら何がいちばんしたい?」は、囚人同士が話す最大のテーマだったりするけど、私はいつも、「日本語を思いっきりしゃべりたい!」と答えてたくらい。

アメリカの刑務所は、外に電話をかけることができる。国際電話もOK。一回の通話は一五分までだけど、別に一日何回かけてもかまわない。合計月四〇〇分まで話すことができる。ただし、電話料金はしっかりかかる。アメリカの電話料金は日本にくらべると格安だけど、それでも国際電話は高いから、そんなにはかけられない。なにしろ、いくら売店勤めで、FCIでは高給取りだからって、しょせん、月の稼ぎは一〇〇ドルだからぜいたくはできない。だから、私が国際電話で母と話せるのも、週に二回が限度。

それでも、恵まれているほうだなぁと思う。電話をかける相手がいない人も多いし、それが国際電話ともなると、ほとんどの囚人はお金がかかりすぎて無理だから。

だけど、母と話をしたあとなどは、余計に日本語が恋しくなる。そして私は、本の世界で日本語に浸るのだ。売店には電気スタンドも売っていて、それを購入した私は、消灯後、静まりかえったユニットのなかでベッドに寝そべり、ひとり本を読みふける。

お菓子もあれば最高。ぽりぽり食べながら、がんがん読む。一か月で一〇冊以上のペースで読んでいった。あまり早く読んじゃうと読む本がなくなるから、わざと遅く読んでいたくらい。ルームメイトのグロリアやユニットの囚人たちは、「トモミはよく本を読むねえ。日本人はそんなに本をよく読むの？」と驚いていた。

金曜と土曜の夜はテレビルームの開放時間が延長され、深夜二時まで観られるから、みんなそこに集まってわいわいテレビを観ているけれど、私はひとり、ベッドで読書をすることのほうが多かった。

坂口安吾、村上龍、村上春樹、吉田ルイ子、重松清、松尾スズキ……と、友だちが送ってくれた作家さんの本を手当たり次第に読んだ。

なかでも特に入れこんだのは、沢木耕太郎さんの『深夜特急』全六巻だった。沢木さんが、今の私と同じ二〇代半ばのころに、香港《ホンコン》からロンドンまで一年以上かけてユーラシア大陸を放浪旅行したルポルタージュだ。

約二年間、刑務所のなかから一歩も出られない私も、『深夜特急』を読んでいる間だけは世界を旅している気分になれた。この本を送ってくれた友だちによると、若い貧乏旅行者たちはよく、インドやタイの安い宿のベッドでこれを読むらしいけれど、私はアメリカの連邦女子刑務所の二段ベッドの上で、真夜中、これを読み、空想のなかで旅をしていたのだった。

沢木さんの本に関しては、悲しいというか笑える一件があって、それは、かなり後、FCIをもうすぐ出所できるってころの出来事。

『深夜特急』を気に入った私に友だちが、同じ沢木さんのルポルタージュである『一瞬の夏』の上下巻を送ってくれたのだ。黒人と日本人のハーフのボクサーの話。

ボクシングはよく知らなかったけど、黒人やハーフの友だちならFCIにはいっぱいいるし、すごくおもしろく読んだ。あまりにおもしろかったので、これをFCIで読む最後の本にしようと思って、私はあえて下巻を読まずにしばらくとっておいた。

そしていよいよ、あと一週間ほどで出られることになった、その夜。

仕事を終えた私はベッドにもぐりこみ、電気スタンドをつける。好きなお菓子も用意した。

「カシアス内藤さん（ボクサーの名前）はチャンピオンに挑戦できるようになるのかなぁ」。ドキドキしながら、『一瞬の夏』下巻のページを開く。

あれ？　これ一度読んでるよ、あっそうか、まちがえて上巻を取っちゃったんだ。

そう思って表紙を見ると、表紙カバーにはしっかり「下」と書いてある。

なんと、カバーだけ下巻で中身は上巻、つまり、友だちのミスで、上巻だけが二冊送られてきていたのだった！　そういえば友だちは同じ本を何冊ももっていて、よく人に貸してあげるっていってたかなぁ。それにしても、何もこんなときに！　最後の最後にとっておいたから、もうほかに読む本もない。『一瞬の夏』を読みおえる楽しみが、それこそ一瞬で終わっちゃったよ……。

その夜、私の「ここを出られたら何がしたい？」に、「日本語を思いっきりしゃべりたい！」と共に、「『一瞬の夏』下巻を読みたい！」が加わったのでした。

キャティの悲劇

もうすぐ五月になるころ。

いつも泣いていたキャティは、すっかり明るくなっていた。

九か月間に及んだドラッグプログラムを五月には卒業となり、それと同時に、『ハーフウェイハウス』という社会復帰のリハビリセンターへ移れるからだ。

私としてはキャティがいなくなるのは寂しいけれど、彼女がすごくドラッグプログラムをがんばっていたのは知っているし、涙もあまり見せなくなってきたので、素直に「あとちょっとだね。よかったね」と喜んでいた。

ところが、ドラッグプログラム卒業を二週間後に控えたある日、同じ韓国人のリーが心配そうな顔で私にあることを告げにきた。

「キャティのようすがおかしいの。食事の時間もまったくユニットから出てこないし、呼んでもぜんぜん返事がない。最近はずっと明るかったのに、どうしたんだろう」

私はキャティのいるドラッグプログラム専用のユニットNo・12に、オフィサーの目を盗んで忍びこんだ。自分以外のユニットに入ることは、即懲罰房行きの重い規則違反だ。懲罰房入りは本当にいやだけど、でも、キャティの異変のほうがもっと心配だった。

キャティの部屋の仕切りカーテンをのぞくと、そこに彼女はいた。泣いている。目が真っ赤に腫《は》れている。ずっと泣きあかしていたのか。でも、なぜ？

「減刑がなくなった。それに、それに、出所しても、もうアメリカには暮らせない……『ハーフウェイハウス』へは移れない。それに、出所しても、もうアメリカには暮らせない……」

キャティは振りしぼるようにそれだけいうと、また泣きだした。いったい何が彼女に起きたの？　なぜそんなことになるわけ？　私も混乱するばかりだった。

実はこういうことだった。韓国からの移民のキャティは、グリーンカード（永住権）はもっていた。グリーンカードを取得してから、何も問題を起こさず一〇年以上を経れば、アメリカ市民権を申請する資格が生まれて、割と簡単に市民権を得ることができる。

八歳のときにアメリカへやってきて、数年でグリーンカードをとったキャティは、一〇年を経て市民権取得の申請をしていた。しかし、市民権が発行される直前に逮捕され、ＦＣＩへ収容された。市民権がとれるのか、それとも却下か。キャティはＦＣＩから弁護士に相談した。すると、弁護士はこう答えた。

「すでに申請中であれば、たとえ刑務所に入っていても、市民権は認められる可能性が高いでしょう。だから、ドラッグプログラムもぜひ受けて、減刑してもらうべきですよ」

しかし、プログラム卒業間近になって、やはりキャティの市民権取得は無理なことが判明したのだ。せっかく受けたドラッグプログラムによる減刑措置も、市民権のない囚人には一切適用されない。ゆえに、懲役どおりに、最低あと一年七か月は服役しなくてはならなくなったのだ。あと二週間で出所し、リハビリセンターへ移れるはずだったのに！

しかもだ。市民権のないキャティは、出所と同時に、国外追放処分となり、韓国へ強制送還となる。これは日本人である私も同じだけれど、彼女の場合はアメリカに住んで十数年、家族も恋人も友人も、みんなアメリカにいる。韓国へ強制送還されることは、異国へひとりで放りだされるのに近い。

ただ泣くばかりのキャティにかけてあげる言葉が、私には見つからなかった。

どんななぐさめもむなしいような気がした。ただ彼女の肩を抱きしめて、一緒に泣いた。

オフィサーに見つかったら懲罰房行きだけど、そんなことはまったく気にならなかった。ただ、キャティの悲しみが少しでも早く通りすぎてくれることだけを祈った。

なのに、運命ってやつはものすごく恐ろしいことをする。

市民権ショックもまだ癒《い》えぬキャティに、それ以上の不幸が襲ったのだ。

その恐ろしい知らせを、キャティは面会に来てくれたお母さんから聞いた。

「キャティ、落ちついてきいてね。デニーが……殺された」

デニー。キャティの最愛の彼氏。幼なじみで、とてもまじめな男の子。アメリカに来てから、いつもキャティを支えてくれていた恋人。ティーンエイジャーになり荒《すさ》んでいったキャティを、デニーだけはいつも見捨てずに向きあってくれた。

ドラッグに手を染め、キャティがどんどんビッチになっていったときには、さすがにふたりの間に溝ができた。でも逮捕され、多くの友だちが「やっぱりね」みたいな態度だったときに、デニーだけはキャティの味方をしてくれた。本気で心配し、サポートしてくれた。

キャティはそのとき、「私をいちばん愛してくれているのは、やっぱりデニーなんだ。私たちは絶対に一緒になる運命なんだ」と強く思ったそうだ。私もデニーのことはキャティから、「将来、結婚する彼氏だよ、デニーっていうの」と写真を見せてもらっていた。

デニーがどれだけいい奴《やつ》なのか、キャティはいつも熱く語っていた。

そのデニーが、殺された。

拳銃《けんじゅう》で撃ち殺されたという。

ニュージャージーの路上。地元の韓国系の友だちがコリアン・ギャングのメンバーで、それの巻きぞえとなった。ドラッグ・ディールに絡《から》んでの事件か、ギャングスタの抗争か、それとも単なるケンカなのか。巻きこまれただけのデニーには何もわからない。

けれどアメリカで、貧しい地域に暮らす人たちにとって、また移民や有色人種の人たちにとっては、このような形で殺されるのはそうめずらしいことじゃない。

それに、ドラッグの使用や売買に手を染めるのも、本当に、それらが周囲にふつうにあふれているから、よほど意志を強くもって生きないと、簡単に非合法な犯罪の世界にとりこまれてしまう。それが、アメリカのもうひとつの顔。

アレックスがいた世界だって、そういう世界だったのだ。私はアレックスを愛していたけれど、彼のやっていたことは、そういう悲劇で金を儲《もう》ける汚れたビジネスだったことは絶対に否定できない。

そして、ＦＣＩではそれこそ毎週のように、誰かの家族が、恋人が、友だちが、外で撃たれた、殺された、という話が飛びかう。キャティからデニーのことを聞かされる数日前にも、いつもは明るいアフリカンのワナが、ガラガラ声を張りあげて大泣きしていた。

「妹が殺されたよー！　まだ一七歳なのに！　なんで！　なんで！　神様！」

日本にいたころ、私の周囲で、家族や知りあいが殺された経験をもつ人なんて誰ひとりいなかった。けれどここでは、私みたいな人間のほうがめずらしいかもしれなかった。

キャティはそれからしばらくの間、ベッドの上からまったく動かなくなってしまった。

誰かが、「このままじゃキャティはＮｏ・９ユニット行きになっちゃうよ。あそこに入れられたら、それこそおしまいだよ」といった。

Ｎｏ・９ユニットとは、精神面のケアが必要とされる囚人や、重度の麻薬中毒者（薬なしではふつうの生活ができない状態の人）が収容される特別ユニットだ。そこに入ると、強い向精神薬や、その逆のダウナーな薬などを大量に投与され、薬浸《づ》けにされてしまうという噂《うわさ》だった。また、周囲が精神的に病んだ状態の囚人たちばかりになるため、相乗効果でどんどんおかしくなっていくとも。

Ｎｏ・９に入れられてしまった囚人のひとりに、クリスティという女の子がいた。

彼女の外見はアジア系っぽかったので、レクリエーションルームなどでは、自然と私たちのそばに来ていた。彼女はおとなしくて、べつにおかしなようすもなかったけれど、いつも小刻みに震えていて、「いっぱい薬を飲んでいるの」とだけいっていた。

それからしばらくして見かけたときは、ぶつぶつひとりごとをいうようになっていた。そして、Ｎｏ・９に入れられる直前のころには、かなり壊れかけていたようだった。手をピストルの形にして、バーンバーンと何かを撃つ真似《まね》をしている。どうやらそれは、自分にしか見えない動物を撃っているらしかった。彼女はＮｏ・９行きとなった。

それから以後、クリスティの姿は一切見なくなった。

ほかにも、カッターを飲みこんで自殺を図った若い白人の子もいた。このときなどは、どういうつもりなのか、オフィサーたちはその子をすぐに病院に運ばずに、ただ自殺保護房みたいな部屋へ収容しただけだったので、翌日、その子は死んでしまった。

キャティもこのままだと、クリスティやその子みたいに、いつの間にか、私たちの前から姿を消してしまうかもしれない。

そう思うと、本当にこわくてしかたがなかった。いくら刑務所のなかとはいえ、自分の親友がおかしくなって、闇《やみ》に葬《ほうむ》り去られてしまうなんてことは絶対にいやだった。だけど、キャティが立ち直れなければ、そんな最悪の事態だって十分ありえる。

私はそれから何度も、オフィサーの目を盗んでは、キャティのユニットに会いにいった。

私たちアジア系囚人のボスである、あの元チャイニーズ・マフィアのスーが先頭に立って、キャティの面倒をみてくれた。仲間たちに励まされながら、キャティはどうにか仕事を続け、Ｎｏ・９ユニット送りになる事態は、ぎりぎり避けることができた。

だけど、ドラッグプログラム卒業前の、「あとちょっとで、このＦＣＩから出られるよ！」と喜んでいたころのキャティの素直な笑顔は、正直いって、私はこれ以後一度も見ていない。

純愛ズマと、したたかマリ

六月。「一〇〇人一括移動」が行われた。

ＦＣＩが囚人で満杯になってしまったため、無作為で囚人を一〇〇人選んで、ダンベリーの郡刑務所へ移すというのだ。

これは私たちＦＣＩの囚人たちにとって、かなりの大事件だった。なぜなら、郡刑務所というのは、州刑務所と同様にかなりひどいところらしいからだ。「あそこは最悪だよ」という囚人も多い。郡刑務所にはＦＣＩにあるようなレクリエーションルームなどの設備はほとんどないらしい。売店もあるにはあるけれど、品ぞろえもくらべるべくもないという。

そもそも犯罪者たちの間では、「入るなら連邦刑務所」というのは常識らしい。だから、せっかく連邦刑務所に入れたのに、郡刑務所に移されるなんてのは最悪なのだ。所内で築いた人間関係や恋人との仲もばらばらになってしまうし。みんな、「自分が一〇〇人に選ばれませんように」と必死で祈っていた。もちろん私も。

だけど運悪く、その一〇〇人にサンシャインが入ってしまった。

サンシャインは、私が最初に働いたランドリーのボス格で、また、私のいるユニットの主・ズマの恋人だ。そう、あのプエルトリカン・ギャングで、懲役二八年で、一七歳から服役して、現在FCI暮らし二五年目のズマだ。

「一〇〇人移動」があったとき、ズマは懲罰房に入れられていた。男子刑務所で服役している無期刑囚の旦那《だんな》さんと電話で話したからだった。刑務所間の電話は禁止されているのだ。しかしみんな、三者通話システムを使って、密《ひそ》かに連絡をとりあうらしい。決めた時刻に同じ外の人間にかけて、三者通話状態にしてもらい話をするのだけれど、刑務所の電話はすべて盗聴対象になっているから、バレてしまったのだった。

懲罰房から出てきて、恋人・サンシャインが郡刑務所に移動になったことを知ったズマは、思いきった行動に出た。自分も郡刑務所へ移してと、特別申請を出したのだ。

ユニットのみんなは、「よく自分からあんなところへ行きたいなんていうよねー」「ズマはそんなにサンシャインを愛してたんだねー」「純愛だねー」と噂しあった。

だが、そんなズマの思いも通じず、申請は却下された。

「もうあと、わずか三年間になったムショ暮らしだけど、サンシャインがいなくなると寂しくなるねえ。これからは、フットボールもひとりで見ることになっちゃうよねえ……」

さすがのズマも、ちょっと寂しげに笑っていた。長い長い刑期の最後の三年間くらい、ズマの好きにさせてあげればいいのにな。けど、やっぱり、ここは塀のなかなのだ。囚人の恋愛の手助けなんて、してくれるわけがなかった。

FCIにはただひとりしかいない日本人で、幼く見えて、しかもメガネっ娘《こ》で、おさげ髪で、まじめちゃんに見える私は、ユニットの仲間からはけっこうかわいがってもらった。

アジア系だけでなく、ヒスパニックや黒人の人たちも、わりと親切にしてくれる。でも、いい人ばっかりってことでもない。

マリという、丸々と太ったメキシカンのおばさんがいた。ふたりの子どもさんをもつシングルマザーで、生活費を稼ぐためにドラッグの運び屋をやり、逮捕されてしまったそうだ。懲役四年。マリはいつも困っていた。「お金がないの。子どもに手紙を出したいけど、切手代も払えない」と。私はそんなマリが気の毒で、切手を買ってあげたこともあったし、マルちゃんラーメンを分けてあげたりもしていた。

けど、グロリアは、マリにはあんまりやさしくしないほうがいいよ、という。同じメキシコ人なのに、ふたりは仲が悪いのかな、と私は勝手に思っていた。

ある日、グロリアが私に頼んできた。

「マリに編み物の棒を貸したままにしてるんだけど、返してもらってきてくれない？」

私はふつうに、「いいよ」と答え、マリの元へ行った。すると、いつもはニコニコしているマリが、急に怒りだした。

「返せって？　これはもう私の物だよ！　絶対に返すもんか！」

私は、あまりのマリの見幕にこわくなってすごすごと退散した。そしてグロリアに、返してもらえなかったよというと、グロリアは苦い顔でいう。

「トモミがいえば返してくれるかなと思ったんだけど……。やっぱりマリに貸すんじゃなかった。私が甘かったわ」

どうやらマリは、人に物を借りたり、もらったりするときはとてもおとなしく、また「私、貧乏だから」と同情を誘うのだが、いざ「返して」となると豹変《ひょうへん》するらしい。ズマも、「マリは実はお金もってるよ。彼女のFCI口座の明細を見たことあるけど、かなり貯《た》めこんでたから」と教えてくれた。ズマもグロリアも、最初のころはよくだまされて、お金をせびりとられたらしい。マリ、いい人だと思ってたのになぁ。

実際、そのあと、私はマリが人をだます場面を偶然見てしまった。

マリがメキシカンの友だちと一緒にいたときのことだ。「お菓子食べたいなぁ」と、マリの友だち。「お菓子なんて買うことないよ。待ってなよ」とマリ。そして、マリはほかのみんなが楽しそうにお菓子を食べているところまでいくと、とても悲しそうな顔をして、こう訴えた。

「もうお腹《なか》ぺこぺこで耐えられないわ」

そして、みんなからお菓子を分けてもらったマリは友だちの元へもどると、得意そうな顔で「ほらよ」とお菓子をわたしていた。さすがというか、なんというか。

まあ、でも、マリにはいい勉強をさせてもらった。その人の生い立ちや家族のことを聞いてしまうと、ついすぐ同情してしまう私だったけど、そういう人たちは同時にすごくたくましいし、かなりしたたかなのだ。お金や食べ物は、私だって大事。それに、カモにされるのはやっぱり気持ちいいもんじゃないからね。

日本語の先生になる

ＦＣＩには、本当にたくさんの種類の仕事がある。なぜなら、基本的に刑務所のなかの雑務一般は、ほとんど囚人たち自身がやるシステムになっているからだ。自給自足とまではいかないけれど、トイレや水道が詰まったら、それを修理するのは囚人だし、所内のペンキを塗るのも囚人だ。また、ＦＣＩには、ポラロイド写真を撮るサービスなんてのもあるんだけど（有料。カップル同士でツーショットを撮ったり、また所内で撮った写真を、外の家族に手紙と一緒に送ったりする。面会に来た家族や恋人、友人とだって写真撮影はできる）、その写真を撮る係だって囚人だ。それに、歯医者の先生が歯の治療をしてくれるときも、歯科助手を担当するのは囚人。

ソトの友だちのショーティーなんかは、こんなことをいっていた。

「身体検査のときさ、悪そうなゴツい黒人女が注射で血液検査してたんだよね〜。ぶっとい手でブスブス注射してさあ」

ちなみに、ショーティーはサウスブロンクス出身のプエルトリカンで、見た目はまるで男のケンカ上等のおねえちゃんだ。そんな彼女が、「悪そうだな〜」と思うくらいだから、その黒人女性は本当にかなりイカツかったんだろう。

「でも、その女、注射がけっこううまいんだよねえ。だからアタシ思わず、『うまいねえ、もうどれくらいここにいるの?』って聞いたら、八年っていうの。そうか、もう八年もいるんだ、私より長いじゃんと思って、『大変だね。で、いつ家にもどれるの?』っていったら、そいつ、ブスッとして、『午後四時』だって! そう、そいつ、単なるふつうの看護師だったんだよねー! ギャハハ! でも、よく考えたら、さすがに囚人に血を抜かれたくはないよねー!」

それは私もそう思う。だが、さすがに囚人の医者はいないけれど、囚人の教師ならいる。FCI内には囚人のための学校があるからだ。中心は、大学受験資格を得るための「大検スクール」と、英語を教える「イングリッシュスクール」。

イングリッシュスクールに関しては、英語の読み書きができない外国人や移民の人などは必修となっている。私は、とりあえず日常会話には問題がなかったので、受けろとはいわれなかった。

この囚人学校の教師も囚人がやる。大卒で教師資格をもっている囚人たちが務めるのである。ちなみに、必修の学校はもうひとつあって、それは「ダイエット・エクササイズ・スクール」。あまりに太っている囚人（それこそ、体重一〇〇キロを軽くこえる人たち）は、これに強制参加させられ、週に数回、体育館で痩身《そうしん》体操をやらなければいけない。

また、大検と英語の正規の学校のほかに、「レクリエーションスクール」もある。

これは、いわば自由講座みたいなもの。希望すれば誰でも受講できる。フランス語やイタリア語、ポルトガル語などの語学講座から、エアロビクス、ジャズダンス、ヨガなど体を動かす系もあれば、油絵、ステンドグラス、ギター演奏、編み物などの芸術・音楽の分野まで、本当にさまざまなクラスがある。ふつうのカルチャースクールと遜色《そんしょく》ないくらい。これらのスクールの先生も、そういう資格や経験をもつ囚人がやっている。

ハッピィも、そんな刑務所内スクールの囚人先生のひとりだった。

ハッピィはFCIでは少数派に属する白人女性で、二九歳の彼女はすでに七年間ここにいる。彼女は、大学検定のための英語を教えていた。

夏が始まりかけたある日のこと。私はハッピィに声をかけられた。

「もしかして、あなたがFCIにひとりだけいるっていう日本人？」

そうですと答えると、ハッピィはうれしそうに、「私、昔ちょっとだけ東京にいたことがあるの」といい、コンニチハ、アリガトウ、コレイクラ、とかの簡単な日本語をしゃべってみせた。そして、日本語に興味があるから、空いてる時間に教えてくれないかという。そう悪い人に見えなかったので、私はOKし、売店の仕事の合間に、レクリエーションルームで簡単な日本語会話の個人レッスンをしてあげた。

その個人授業の二回目が終わったときのこと。ハッピィがいきなりこういいだした。

「トモミ、次からは、レクリエーションスクールで日本語の講座をやってもらうことになったから。もう生徒の募集もかけたから、がんばってね！」

ええっ、何それ⁉　聞いてないよ、そんなの！

実は、ハッピィは日本人の囚人に日本語を習っていると、スクール担当のオフィサーに自慢したらしい。そしたらそのオフィサー、空手やニンジャなんかのジャパニーズ・カルチャーに興味があったらしく、「おまえだけが日本語習ってるなんてずるい。もったいないから、日本語のクラスを開講しよう」と、一気に日本語クラスを開くことを決めてしまったのだ。しかも私が何も知らないうちに、「日本語学習クラス新設！　生徒募集」なんてポスターも作り、各ユニットに張りだしたという。

いくらFCIが適当だからって、勝手に先生にされてしまうとは！

個人的に日本語を教えるのと、スクールでクラスを開いて授業するのとでは雲泥《うんでい》の差がある。

ちょっと困ったなぁ……という表情をした私に、ハッピィはこういう。

「だってトモミ、この前、日本語教えてくれたとき、『売店の仕事、お金はいいけど、ハードなんだよね』っていってたでしょう？　日本語クラスが正規のスクールとして認められれば、あなたは売店を辞めて、先生を仕事にできるのよ」

ただ、すぐに正規のスクールとして認められるかどうかはわからない。その場合は、ボランティアとして先生をやることになるそうだ。ボランティアで教えても正式な労働としては認められないし、給料も出ないけれど、何かあったときに「ボランティアをやっている」ということで、かなり大目に見てもらえるという利点があるらしい。

実際に、そのころ私は、半年間続けてきた売店の仕事が、さすがにきつくなっていた。

早番のときなどは、昼間の休憩の間、疲れて段ボール箱に埋もれて眠ったりしていたし、遅番のときも、店を閉めて掃き掃除をしながら、立ったまま居眠りしてしまう始末。毎日毎日、売店と倉庫を約一〇〇往復して、一〇〇個以上の重い段ボール箱を運ぶ。段ボール箱は放りなげて受けわたしするから、私の両腕は本当にアザだらけで、事情を知らない囚人からはよく、「どうしたの？　誰とそんなに殴りあいしたの⁉」と聞かれるほどだった。

日本語の先生を正式な仕事にできれば、売店からは卒業できる。とりあえずボランティアで始めて、正規の授業にしてもらえるようにがんばってみるかな。先生なんてやるのは生まれて初めての経験だし、そんな経験を異国の刑務所でするっていうのもかなり無茶な話だけど、まぁいいか。だってここは、ある意味何でもありのＦＣＩだしね……。

「日本語クラス」は、週一回二時間で始めることになった。

集まった生徒は全部で一五人。うち一二人が白人だ。ＦＣＩの人種比率では白人は圧倒的少数派だから、私は日本語クラスのおかげで一挙に白人の友だちを増やすことができたくらい。

希望して集まった生徒たちだから、みんな、思ったより授業態度はよかった。私もがんばって、ひらがな表やカード、絵を描いたカルタみたいなものを自作して、できるだけ楽しく、わかりやすく学べるよう工夫した。

一番熱心だったモリーなどは、ひらがな表を見ながら、短い文章を書けるまでになった。授業のたびに、たどたどしく書かれたひらがなメモを私に見せてくれる。《わたし、なまえ、もりい》とか、《わたしは、あめりかじん、だ》とか。

ある授業のとき、真剣な顔で、新しいひらがなメモを見せてきた。

「先生、これ、書いたんだけど、あってるかな？　よく見てよ！」

そこには、こう書かれてあった。

《もりいは、れずびあん、です。わたし、あいする、うえんでい》

ウエンディというのはモリーのFCIでの彼女の名前だ。つまり、モリーは日本語でウエンディへのラブレターを書いていたのだった。だからやけに熱心だったのか。熱いね。

モリー以外の生徒も、自分の好きな言葉を日本語で知りたがった。たとえば、外にいるときは毎日マリファナを吸っていたというジャッキーは、こんな質問をする。

「マリファナってなんていうの？　漢字で書いて！」

黒板に大きく《大麻》と書いてあげたら、大喜び。その横に《草》と書いて、「これはクサと読みます。ｇｒａｓｓのことです。日本ではよく、大麻をクサといったりするみたいです」と悪ノリしてつけ加えたら、「オー！　クサ！　クサ！　イエー！」と、さらに大喜び。

「先生！　Ｆｕｃｋは日本語でなんていうの？」「漢字で書いて！」「コカインとヘロインも漢字で知りたいです、先生！」……放っておくと、もうえらいことになる。

こうして、日本語クラスは四か月間にわたって続いた。もっと続けて正規の授業にしてもらおうと、ハッピィやモリーなどの生徒たちはいってくれたが、それはならなかった。なぜなら、私がもうひとつ別の講座を、正規授業として受けもつことになったからだ。私が日本語以外に、教えられるもの。

それは、クラシックピアノだった。

きっかけはこうだ。レクリエーションルームにはピアノのある部屋があって、いつも誰かが、あまりうまくない『エリーゼのために』を弾いていた。

ある日、どんな人が弾いてるんだろうと思い、ドアを開けてちょっとのぞいてみた。

そこにいたのはスパニッシュのおばちゃんで、ド・レ・ミと文字をふった楽譜を見ながら、必死に鍵盤《けんばん》をたたいている。どうやら楽譜もほとんど読めないみたいだった。

私は思わず、「ここ、こう弾けばいいんですよ」と横から少し教えてあげた。

そのおばちゃん、クルスはとても喜んでくれた。

「あら、ありがと！　あなたピアノ弾けるの？　私、ピアノのクラスを受講してるけど、ぜんぜんうまくならないのよー。でもあなた、上手そうねえ」

「一応、三歳から一六歳までピアノをやっていたので」

そう答えると、クルスはいきなり私の手をにぎり、顔を笑顔でいっぱいにして、こういいだした。

「本当に？　ちょうどよかった！　二週間後に、ピアノクラスの先生が出所して教える人がいなくなっちゃうの！　あなた、ぜひ先生になって！」

ピアノクラスはすでに正規のクラスだったので、私は仕事としてピアノを教えることになった。これであのキツい売店の労働から解放されると思うと、ちょっとうれしかった。

だけど、いよいよ売店からピアノクラスへ仕事替えするときになって、あらためて、売店の仕事仲間はいい人が多かったんだなぁと思わずにいられなかった。

担当オフィサーのミス・ディーは、「トモミが正式にピアノの先生の仕事につくまで、売店を解雇にはしないよ。もし、ぎりぎりで担当のオフィサーの気が変わってピアノクラスが正規授業にならなかったら、トモミが路頭に迷うことになるからね！」といってくれた。

ドライに事務的にしか行動しない（それが、当然なんだろうけど……）、そしてかなり適当なオフィサーたちのなかで、最後まで誠実なミス・ディーの思いやりには涙がこぼれそうになった。ミス・ディーは、本当にオフィサーと囚人という枠を越えてフレンドリーに接してくれた。大忙しの日、くたくたに疲れた私たちにアイスクリームやジュースをおごってくれたこともあった。よく晴れた日に、運動場で一緒に日光浴したりもした。

ほとんどの囚人はオフィサーのことを悪くいい、なかには敵のようにののしる人もいたけれど、ミス・ディーがひとりいたおかげで、私はそうならずに済んだ。本当にありがとう。

「売店辞めても、トモミはずっと私の妹だからね！」

そういってくれたのはソトだ。

「これからも、ブロンクス仕込みのスラング、いっぱい教えてあげるからね！　いつでも遊びにおいでよ！」

塀のなかのピアノ教室

私のピアノクラスは、日本語クラス以上の人気となった。

生徒募集の日には、教室となるピアノルーム前に長蛇の列ができたくらいだ。

ＦＣＩにはピアノは一台しかないから、授業はすべて一対一の個人レッスン方式でやるしかない。結局、私は一回一時間のクラスを、日曜から土曜まで休みなく、一日最低三〜四コマはやらなくてはならなくなった。う〜ん、こんなハードスケジュールになるとは！

日本語の先生をやってわかったのだけれど、人にものを教えるのは本当に大変だ。当然、英語で授業しないといけないわけだし。それに刑務所内で日本語の学習教科書など手に入りようがないから、すべて手作り。週一回二時間の授業でも、事前の教材作りでかなりの日数がとられた。ピアノになれば、ひとりずつテキストもちがうわけだし、もっと大変だろう。これなら、まだ売店のほうがよかったかも……。

そうやって覚悟して始めたピアノクラスだったけれど、その大変さは私の想像をはるかに超えていた。

私の考えは、かなり甘かったようだ。生徒たち全員が初心者、一度もピアノに触れたこともない人がほとんどというのは、まぁ仕方ない。ただ、アメリカでは学校の音楽の授業で楽譜の読み方を教えないのか、みんな、ドレミすら知らない。

なので、まずドレミの読み方から教えるのだが、みんななかなか覚えてくれない。頼むから、ドレミファソラシドの八つの音符だけでも覚えてと思うけど、ダメ。なのに、

「いつになったら先生みたいに弾けるようになる？　三か月くらい？」

「あんまし練習したくないんだけどー、でも、ピアノってすぐ音出るし、一曲弾くらいなら簡単でしょ」

などと、ふざけたことをいう。そう、みんな、ピアノは鍵盤をたたけばとりあえず音が出るから、ギターなどよりももっと簡単な楽器だと勝手に思いこんでいるのだった。

そして、みんな口をそろえていう。

「努力するのはイヤ。楽してうまくなる方法教えてよ」

そんな方法なんかないよッ、と心のなかで怒りつつも、「怒ってもしょうがない。ここは塀のなかのピアノ教室なんだから。しかもアメリカの……」と私は自分に言い

きかせていた。

でも、そんな生徒さんたちのわがまま以上に大変な難問があった。

それは、白人が多かった日本語クラスとちがって、ピアノクラスにはヒスパニック系が多くて、全体の半分近くの生徒が、片言しか英語が話せないということだった。ほぼスペイン語しか話せない生徒もいた。ドレミも読めない、英語も話せない人に、どうやってピアノを教えればいいんだろう!? う〜ん……。

悩んだあげく、ひとつの結論を出した。こうなったら、私がスペイン語を覚えてやる！

友だちのジェニーが教えてくれることになった。

ペルーからの移民で、まだ二五歳だけどアメリカ暮らしの長い彼女は、英語とスペイン語のバイリンガルなのだ。彼女はサルサを踊るのが得意で、すごく明るい子。ラテンのノリっていうのが、彼女を見ていると本当によくわかる。

なんかイヤなことがあるとワーーーッ！　って大泣きして、ピタッと泣きやんだと思ったら、もうチョー笑顔でサルサをぐるんぐるん踊ってたりする。

スペイン語を教えてもらうことでより親しくなったジェニーは、「なぜ自分が逮捕されちゃったか」を教えてくれた。ジェニーもまた、ドラッグの組織犯罪に関与した罪だった。懲役一年ほどだから、ここではかなり軽いほうだ。だが実はジェニーは、ドラッグなんて一度も見たこともやったこともないという。

「友だちにクレジットカード貸しただけなんだよね。けど、そいつが逮捕されて、私も仲間だってことにされちゃって。ほんっと、わけわかんない」

正直、私も似たようなもんだから、ジェニーの悔しさと憤《いきどお》りはわかる気がする。まだ私は、恋人のアレックスがロシアン・マフィアだとわかってつきあっていたのだから自業自得《じごうじとく》といわれても仕方ない。でも、ジェニーは単なる友だちからの濡《ぬ》れ衣《ぎぬ》だ。

濡れ衣をきせられたり、裏切られたりして、ここに入れられている囚人は本当に多い気がする。囚人たちの自己申告だから、自分に都合よくいってる人がかなりいるとしても多すぎる。それこそ、ヒスパニック系や黒人の人たちは、ちょっと運が悪ければ、簡単に刑務所へ入れられてしまいかねない。やっぱり、それもアメリカ……。

ピアノクラスの生徒たちは、本当に一癖も二癖もある人が多かった。

大量に飲んでいる精神薬の副作用で手が震えてしまい、鍵盤を押すことすらままならないおばさん。レッスンに来なくなったな、どうしたんだろう……と心配してたら、派手なケンカをやらかして何週間も懲罰房に入れられていた女の子。一時間ごとにそんな生徒たちが入れ替わり立ち替わりやってきて、そのたびに私は英語からスペイン語に切り替えたり、もう大変。

なかでも強烈だったのが、キャロラインという六四歳のイタリア系のおばさんだ。変わり者だらけのFCIのなかでさえ、「キャロラインほど変な人はいないよ！」と評判なくらい。実は、キャティの元ルームメイトだったのだが、いっつもふたりは口論していて、ついにキャティは耐えられなくなって、オフィサーに訴えでて部屋を替えてもらったほどだ。そんなキャロラインおばさんは、逮捕された理由もすごい。

二〇〇一年九月一一日の同時多発テロの後、政府機関や新聞社などに炭疽菌《たんそきん》が送りつけられて、大きなニュースになったことがあった。それをテレビで見たキャロラインは、どこからか炭疽菌を入手し、なんと自分の中学生の息子をいじめた子どもの家へ送りつけたのだ。

このキャロラインの起こした事件は、新聞沙汰《ざた》にもなったらしい。けどキャロラインは、自らの行為をまったく反省していなかった。

「私は息子をいじめから守るために行動しただけなのに！　私と最愛の息子を引きは

なすなんて、アメリカはなんてひどい国なの！」

ピアノクラスでもレッスンそっちのけで、毎回毎回、泣きながら私に訴えてくる。いかにアメリカがひどい国か。どれほど自分が息子のことを愛しているか。自分は悪くない、悪いのは息子をいじめたガキどもとこの国だ……etc。

最初は正直、うんざりだった。キャティがこのおばさんとの同部屋が耐えられなくなったのもわかる気がした。けど、何回もふたりきりのピアノ部屋でキャロラインの訴えを聞くうちに、「このおばさんも、かわいそうな人なんだな……」と思えるようになってきた。

私は、できるかぎり、彼女の愚痴や泣きごとを聞いてあげることにした。

一時間の授業中、一度もピアノに触らずに、ただひたすらキャロラインの言葉に耳を傾けたこともあった。そうするうちにキャロラインもただ泣きわめくだけでなく、いろんなことを話してくれるようになった。そして、そのことに私が簡単な意見やアドバイスを述べてみたり。

まるで、ピアノレッスンというよりもカウンセリングの時間みたいだった。

そうやっていくうちに、FCIきっての変わり者といわれたキャロラインおばさんが、だんだんと穏やかになっていった。すると、そのことが評判になったようで、なん同じような年齢の五〇代や六〇代のおばさん囚人たちが、やたらと追加受講の希望を出して、新たな生徒としてやってくるようになってしまった。

「あのアジア人の女の子は、よく話を聞いてくれるんだよ。ピアノクラスを受けるとスッキリするよ」

なんてキャロラインが、いろんなところでいってくれたらしい。トホホ……。

そうやって新しく参加したおばさん生徒さんたちは、そろってピアノそっちのけで、ひたすらお話をすることを求めてくる。そういえば、常に誰かしら周りに人がいる情況の刑務所内において、ピアノルームは唯一《ゆいいつ》に近い完全個室。愚痴や悩み、泣きごとを思う存分ぶちまけるのには最適な場所なのかもしれない。

ジャッキーという、敬虔《けいけん》なクリスチャンで上品で菜食主義のおばさんには、こんなことを打ち明けられた。

「私はね、なんでここにいるかというと、五人の人間の頭を斧《おの》で叩《たた》き割って殺しちゃったんだよ。私は罪深い女なんだよ……」

黒人のおばちゃんのミス・グレーは、延々と悩みをしゃべりつづける。娘が婚約破棄された……孫が行方不明になった……更年期障害で体がほてるのに、ルームメイトがすぐ扇風機を止めるの……ここを出ても、もう仕事もない。ここにいてもつらいけど、外へ出てからも不安なんだよ……。

こんなおばさん生徒さんたちを多く抱えて、一時期は、自分がピアノの先生なのかカウンセラー見習いなのかわからなくなってしまうほどだった。

でも、そんな彼女たちから私自身が教わることも多かった。

何よりも思ったこと。それは、人間には本当にいろんな人生があって、いろんな悩みがあって、誰もが悩みを山ほど胸にためこんで生きてるんだなってこと。

そして、変な話だけど、「私って、案外恵まれてるなあ」ってことだった。

まさか刑務所のなかで、心からそんなことを感じるとは思ってもみなかった。

あの朝、ニューヨークで逮捕されてから、自分の不幸と不運を呪《のろ》ってばかりいた私なのに。

FCIでの毎日は、確実に私を強くしてくれているのかもしれない——。

第三章

プリズン・デイズ
私と彼女たちの罪と罰

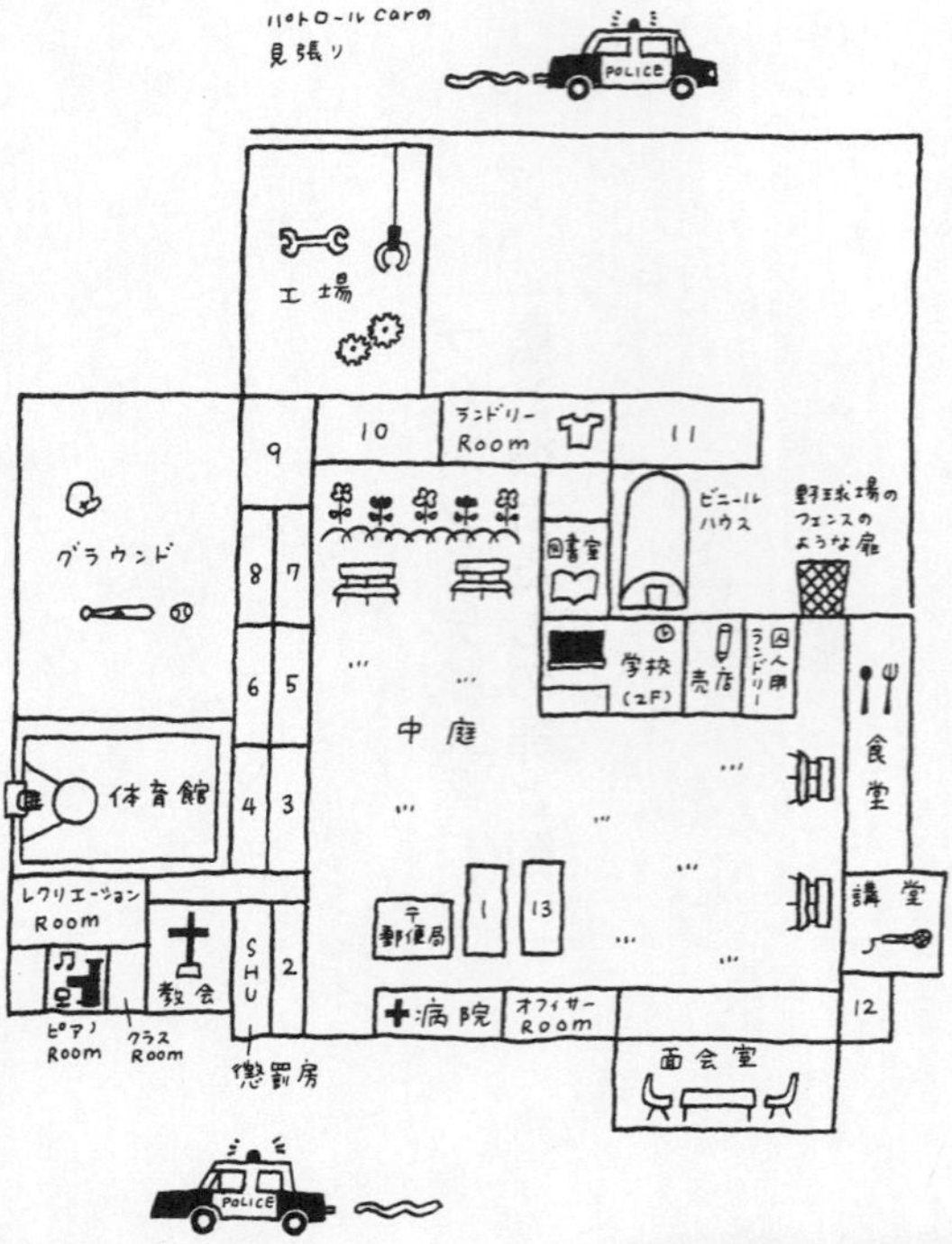

パトロールCarの
見張り
POLICE
工場
10
ランドリー
Room
11
9
グラウンド
8
7
ビニール
ハウス
図書室
野球場の
フェンスの
ような扉
6
5
学校
(2F)
売店
囚人用
ランドリー
食堂
中庭
体育館
4
3
レクリエーション
Room
教会
S
H
U
2
〒
郵便局
1
13
講堂
病院
オフィサー
Room
12
面会室
ピアノ
Room
クラス
Room
懲罰房
POLICE

連邦刑務所
全体図

熱い夏

ＦＣＩで迎える初めての夏がやってきた。

夏は、このコネティカット州ダンベリーの連邦女子刑務所にとって最悪の季節とされている。ほかの多くの刑務所には装備されているのに、このＦＣＩにはクーラーがないからだ。

冬はものすごく寒いけれど暖房がつくからまだましで、暑い夏がいちばんキツいらしい。入所したばかりの一月初めのころ、私が寒くてつらいとグロリアにこぼしたら、彼女はこういった。

「夏が来たらね、この寒さが懐《なつ》かしくなるわ。夏の暑さは地獄よ」

果たして、夏の暑さは想像以上にすごかった。

コンクリート造りだから熱がこもって、刑務所全体がまるで蒸し風呂《ぶろ》状態になり、一日中頭がボーッとなってしまう。

私は、ピアノクラスと日本語クラスの教師の仕事に没頭することにした。

ピアノと日本語を同時に教えるのは、キツくなかったといえば嘘《うそ》になるけど、できるだけ気持ちを張ってがんばった。ここでは体調を崩すのは命取りだ。体が弱ると気持ちもめげていき、精神的に壊れてしまう可能性も高い。No・9ユニット送りになって、薬漬けにされてしまうのはイヤだった。

だから私なりの夏対策を考え、実行に移した。三度の食事を、電子レンジクッキングの自炊中心にすることだ。本来の規則では、食事は食堂でとらなければいけない。けれど、大抵のオフィサーは食事については厳しくなく、見逃してくれる。

食堂で食事をしたくない理由は、大きくはふたつあった。

理由のひとつは、出される食べ物に、腐りかけている物があったりすることだ。フライドチキンなどはなかが生焼けのままだったりするし、明らかにちょっと臭《にお》ったりしているものもある。そういう物をできるだけ避けて食べても、ひどい下痢をしてしまうことが何度もあった。

最初のころは、「けっこうおいしいじゃん」なんて思ってバクバク食べてたけど、こんなことがあるとこわくて食べられない。私だけじゃなく、なんか、それこそ何食べてもだいじょうぶそうな頑丈な囚人のおねえちゃんですら、「夏は食堂、ヤバいよ。おかしいと思うものは持ちかえって、レンジで加熱したほうがいいよ」なんていっていたし。

ふたつめの理由は、ケンカ。洗濯場ほどではないにしても、食堂もやはりケンカがよく起きる場所なのだ。特に夏場は、暑さでみんなイライラしてるため、毎日のようにケンカが勃発《ぼっぱつ》する。朝昼晩、三連続で起こったりすることもあった。

食堂のケンカは本当にヤバい。食器や食べ物など、周囲に武器になるものがあふれているからヒートアップしやすいのだ。顔に熱いコーヒーやスープを浴びせかけたり、金属のプレートを直角に顔面に叩《たた》きつけたり。フォークなどはプラスチック製だけど、目に刺さったりしたら本当に危ない。そんなのに巻きこまれて大怪我《おおけが》させられるのもいやだし、あげくに懲罰房にでも入れられたら最悪だ。

私のピアノや日本語クラスを、刑務所ライフの数少ない楽しみにしてくれている生徒さんたちだって少なからずいる。私が懲罰を受けて、クラスが解散したりしたら、それこそ面目がたたない。

とまぁ、そんな理由から自炊クッキングを始めたのだけれど、電子レンジの順番待ちさえ気をつけていれば、料理は気分転換にもなるし、かなり楽しい。食堂に行くのが嫌で、三食をポテトチップスですます人などもいたけれど、私は割合ちゃんと作っていた。

フリーズドライ米のご飯にマルちゃんラーメンを砕いて入れて、チャーハンを作ったり。

マルちゃんラーメンは、ほかに焼きそばにしたりもできた。あと、小麦粉をこねて、パンもどきを焼いたり。それでブリトーを作ったり。キッチンから流れてくる裏ルートで卵を手に入れて、たまご焼きを作ったりもした。一人では割高になってしまうので、同じユニットで、私のピアノクラスの生徒でもあるシャヒーダやアマリ、ジェニーなどと食材費を割り勘にして作っていた。

シャヒーダは私のピアノクラスの、最も優秀な生徒だった。

セミプロのゴスペル歌手で、小さいころから教会で歌っていた彼女は音感が抜群にいい。

当然、歌はものすごく上手。大好きな歌手のノラ・ジョーンズの歌を弾き語りできるようになりたいというのが彼女の夢だった。ノラ・ジョーンズの曲はすごく難しく、なかなか弾けなかったけど、バッハのメヌエットはほぼ完璧《かんぺき》に奏《かな》でられるまでになった。彼女が弾き語りしているところを日本人の友だちとかに見せて、「あの娘《こ》、シャヒーダ、私の教え子なんだよ」っていったら、みんな驚くだろうなあ……なんて、よく思ったりしてた。

で、料理だ。一度なんて、仕事休みの日曜日に数時間かけて、シャヒーダやアマリと一緒に、中華料理の小籠包《しょうろんぽう》を作ったことまである。裏ルートでミンチ肉を手に入れ、小麦粉をこねて皮を作り、野菜をみじん切りにして、電子レンジを長く独占するとケンカになるからそれにも気を遣って。

そうしてできあがった小籠包の味は——なんと、私たちのレンジクッキング史上、最高傑作だった！「おいしいねー、おいしいねー」と大喜びしながらみんなで食べた。あまりに手間と時間がかかるので、二度と作ることはなかったけどね。でも、今後どんな高級中華レストランで食事する機会があったとしても、あんなおいしい小籠包に出会うことはないだろうな……。

そして、そうやって熱すぎる夏に対抗しながら、私は秋がくるのを待ちわびていた。

さよならグロリア、こんにちはコンタクト

一〇月三日木曜日。

毎日が単調なプリズン・ライフのなかで、この日は、私にとってかなり特別な日だった。入所してちょうど九か月になるこの日に、特別なことがふたつ、偶然にも重なったのだ。だから、朝起きたときからずっと、私のなかではいろんな感情が胸のなかでぐるぐるしていた。

特別なことひとつめ。それは、ルームメイトのグロリアが、今日をもってFCIを出所すること。グロリアは懲役一〇年だが、グッドタイムによる減刑で七年となり、今日が出所日となったのだ。

グロリアは本当にいいルームメイトだった。オフィサーのミスと怠慢のおかげで、入所時にオリエンテーションを受けられなかった私に、刑務所で必要なあらゆることを教えてくれた。やさしいグロリア。とても美人のグロリア。

「いよいよだね。おめでとう、グロリア。ねえ、いま、どんな気持ち？」

「ありがとうね、トモミ。うれしいとかいうよりも、なんだか、すごく緊張しちゃっ

てるわ。柄にもなくね」

実際、グロリアは出所一週間ほど前から、緊張のあまり夜眠れなくなっていた。彼女はアメリカ市民権をもたないメキシコ人のため、出所してもアメリカの家族や友人の元へもどることは許されず、メキシコへ強制送還されてしまう。そのための不安や悲しみも、出所できるうれしさと同時にあるんだろう。

グロリアは自分が出所することを、ほかの囚人にはほとんど打ちあけていなかった。囚人のなかには、出所パーティーを開いてにぎやかに出ていく人もいれば、まったく誰にも教えずに突然消えるように去っていく人もいる。グロリアがごく少数の人にしか出所を教えなかったのにも、いろんな理由があった。

まず、まだ何年、何十年もここにいなければならない囚人たちの前で、自分が出所することを喜ぶのは悪い、ということ。また、出所を妬《ねた》んで、意味もなくケンカを吹っかけてくるヤな奴《やつ》とかもいるらしい。そこで騒ぎでも起こし、懲罰房へでも入れられたら、出所がまた数か月延びるなんてことになりかねない。あと、けっこううっとうしいのが、出所する人に、もう必要なくなった衣服などの備品をしつこくねだる囚人が多いことだ。

「あんた、もう使わないんでしょ。だったら私にちょうだいよ！」と強引にもらおうとするのだ。それがひとりならまだしも、何人もの囚人が同時にいってきてもめごとになることも多いらしい。だからグロリアは、できるだけ誰にも知られずに、ひっそりとここから去ってゆくことを望んだ。

「さよなら。短い間だったけど、本当にありがとう。絶対元気でね、グロリア！」

「トモミも、もうあと一年くらいの我慢だからがんばるんだよ！」

そして、グロリアは静かに出所していった。

だけど、グロリアには短い間っていったけれど、ここまでのＦＣＩでの九か月間は、私の人生のなかで、長くて濃くて最も激しい九か月間だったような気がする。でもまだ半分以上、刑期は残っている。今日のグロリアみたいに笑顔でここを去る日のために、あと一年、本当にきちんと勤めあげなければいけない。

けど数か月後に、グロリアのことで、とても悲しい知らせを聞くことになる。

でもまだ、それはこのときの私は知らない。

グロリアとのお別れの感傷に浸《ひた》るのを終えた私は、もうひとつの、特別なことへ思いを馳《は》せた。なんと今日、日本から美由紀ちゃんがこのＦＣＩへ面会に来てくれるのだ！

やったー！　やったー!!　やったー!!!

面会は、囚人の最大の楽しみだ。

面会は囚人ひとりにつき、週四回まで。面会時間は、月曜～金曜が昼一二時三〇分～夜八時、土曜、日曜は朝八時三〇分～昼三時。この時間帯でなら、何時間でも会っていられる。

彼氏や家族が毎週会いに来てくれて、何時間も話したりできる囚人は幸せだ。

キャティには、ほぼ毎週、お母さんが面会に来てくれていた。

シャヒーダやジェニーはもっと幸せ者で、毎週必ずボーイフレンドが会いにきてくれる。

けど、それはそれで苦労もあるらしく、シャヒーダはこうこぼしていた。

「なんかさー、彼が『おまえ、男のオフィサーとできてんじゃねえのか？　まさか、ヤッたりしてねーだろうな！』って毎回毎回うるさいんだよねー。すんげえ心配してるの。外に彼氏がいるのも大変だよー。みんなみたいに、なかでレズの恋人作ってるほうが気楽でいいかもねー」

すると、ジェニーもこうこぼす。

「彼氏に疑われるくらいならまだいいじゃん。うちの彼なんて、絶対、浮気してるよ。

絶対だよ。でもさぁ、なかにいると、『あんた、浮気してんじゃないでしょうね⁉』とか言いだしにくいんだよねー。ケンカして、会いに来てくれなくなったらつらいからさー。まぁでも、やっぱいっちゃうんだけどねー」

私たちアジア系のボスで、元チャイニーズ・マフィアのスーも、面会に来る家族の前では、すっかりいいお母さんになっているようだった。また、別のユニットにいるローズという、スーよりさらに格上のマフィアのおばさんも、面会で男と会うときは思いっきりギャルメイクになっていて、びっくりした。とにかくふだんのローズのすごみは強烈で、何ごとにもまったくビビらない女性なのだ。スーよりすごい人なんているのかと思っていた私も、ローズを一目見て納得してしまったくらいだ。そんなローズですら心を躍らせるほど、面会は囚人にとってのオアシスなんだろう。

だけど、日本人の私には面会に来てくれる人はいなかった。ニューヨークの友だちや知りあいにも、私が刑務所に入れられることはほぼ秘密にしていたし。母は「面会に行く」と何度も手紙や電話でいってきたけれど、私からお願いしてやめてもらった。体の弱い母に、コネティカットまでの長旅は無理だ。だから私は、面会に関してはほぼあきらめていた。

だから、日本にいる美由紀ちゃんが、「秋ごろには面会に行けそうです」という手紙をくれたときには本当に涙が出そうになった。

面会に訪れる人間には事前審査があって、囚人の家族以外は、過去に犯罪歴が一度でもあれば、たとえ恋人や大親友でも面会できない。面会室は、一〇〇人ほどが入れる大きな待合室のような部屋で、飲み物や食べ物の自動販売機があり、囚人も面会人も食べたり飲んだりできる。写真撮影コーナーがあって、一緒に写真も撮れる。囚人と面会人は、最初のあいさつとして抱きあう程度は許されるけど、それ以上の接触は禁じられていて、物の受けわたしも厳禁だ。でも案外、オフィサーのチェックが甘いので、囚人たちは面会に来た家族や恋人、友人からさまざまな物を隠れて差しいれてもらっていたりする。

なかには、毎週のように家族にピアスや指輪などのアクセサリーを持ちこませ、隠れて受けとり、それを刑務所内で売りさばいている囚人もいたほどだ。所内ではみんなおしゃれに飢えているから、アクセサリーは大人気の裏商品で、安物の金メッキの物でも、五〇ドルから一〇〇ドルの超高値で飛ぶように売れてしまう。

そして、実は私も密《ひそ》かに、美由紀ちゃんにある品物を隠して持ちこんでもらうことを頼んでいた。それは……コンタクトレンズ！

そう、私がこの九か月間、何よりほしくてほしくてたまらなかったものは、実はコンタクトレンズだった。

FCIでは、基本的にはコンタクトレンズの使用は認められてはいない。けれども、別の留置所などではOKなところもあるようで、ほかから移送されてきた囚人たちのなかには、使用を許されている人もいた。そして、そういう囚人たちに紛れて、面会などを利用して密かにコンタクトレンズを手に入れ、使っている囚人たちもいた。

私はそれを知って、規則違反だと思いつつも、コンタクトをしたくてしたくてたまらなくなってしまったのだ。

たかがコンタクトレンズと思うかもしれないけれど、女の子のおしゃれにとって瞳《ひとみ》は命。

特に私なんかは、ちょうど女子高生のころにカラーコンタクトが爆発的に流行した世代で、青に茶色に緑と、みんな、何種類ものカラコンを競うようにもっていた。瞳をいかに大きく見せるか、いかにキレイに見せるかに、それこそ命をかけていたのだ。

ほんと、笑われるかもしれないけど、カラコン命！　だったのです。

ニューヨーク時代だって、ひとりのとき以外はメガネは絶対にかけなかった。だから、入所のときにコンタクトはダメといわれて、実はかなりショックだった。

(でも、刑務所に入るんだから仕方ないよね。そんなこと気にする場所じゃない)と自分に言いきかせるしかなかった。

けど、入ってみるとびっくり。囚人たちみんな、おしゃれにむちゃくちゃ力いれてる。

まぁ、FCIはある意味レズ社会で、男前目指してるゴツい人も多いんだけど、それはそれで精いっぱい成りきってる。ならば、私だっておしゃれしたいと思っても、やっぱりメガネが邪魔。だって、そのメガネはコンタクトはずしたときのためだけに買ったやつだからぜんぜんおしゃれじゃなくて、度のキツい牛乳瓶の底みたいなやつなんだよ……。

面会室に入って、美由紀ちゃんがベンチに座って待っているのを見たとき、本当にどきどきした。うれしいとか、なつかしいとか、わざわざ日本から来てくれてありがとうとか、そういう思いも当然あるんだけど、でも、なんか本当に心臓が高鳴って、私の顔はものすごくこわばった表情になっちゃってた。

「ひさしぶり」

「ひさしぶり。元気?」

「うん。ありがとう、本当に来てくれたね」

「もっと早く来れればよかったんだけどね。あれもちゃんともってきたからね」

「ありがとう、ほんと、うれしい……」

国際電話回線越しじゃない、九か月ぶりの日本語。美由紀ちゃんと直《じか》に話すのは、約二年半前のニューヨーク以来だ。

約二年半前、美由紀ちゃんは七年間に及んだニューヨーク生活を終えて、日本へ帰っていった。

私は、「美由紀ちゃん、帰っちゃうんだ。もったいないな。東京なんか、もう面白くないじゃん」なんて思っていた。私がニューヨークに住んだきっかけは、美由紀ちゃんがいたからだ。

もしあのとき、美由紀ちゃんの真似《まね》をして一緒に東京へ帰っていたら……。

美由紀ちゃんと何時間も夢中でおしゃべりしながらも、一瞬ふと、そんなことを考えてしまっていた。

「あなた誰？　ほかのユニットに立ちいってはダメよ！　自分のユニットにもどりなさい」

毎日恒例の午後四時の点呼のとき、女性オフィサーがいきなりこう怒鳴った。

「私、トモミ・アリムラです」

ちょっと緊張しながら、そう答えた。コンタクトレンズを入れているのがバレるとまずいからだ。でもオフィサーは、「あら、あなただったの。感じが変わったから、ぜんぜんわからなかったわ」というだけで、メガネはどうしたの？　とは聞いてこなかった。

（しめしめ。これで、もうメガネとは完全におさらばできるぞお！）

私は心のなかでガッツポーズをした。そして、自分のベッドにもどって、私と一緒に所内で撮ったポラロイド写真に納まっている美由紀ちゃんにありがとうをいった。

美由紀ちゃん、コンタクトありがとね。これで、これからはおしゃれする楽しみができたよ！　その写真は、美由紀ちゃんが面会室を去る前に撮影した。そして、そのあと面会室から出て行く美由紀ちゃんを見て、私は泣いてしまったのだった。

絶対に泣くまいと思っていたけど、どうしても涙をとめることはできなかった。けど、その涙とともに、私はあのいやでいやでたまらなかったメガネも一緒に流したんだ。そう考えることにした。そして、コンタクトを入れたからには、もう今度こそ泣くまいと新たに誓ったりした。

ルームメイトのグロリアの出所、美由紀ちゃんとの面会、そしてコンタクト。

私は、これらのことがあった一〇月三日木曜日をして、囚人・トモミ・アリムラのFCI前半戦が終了したことにしようと思った。

でも、まだ、半分。これからの後半戦、がんばって、きっちり勤めあげなければ！

男前のルピータ

FCIには、「STUD」＝スタッドと呼ばれる人たちがいる。

スタッドとは、直訳すれば、男前とかハンサムな男という意味だ。そして、この女性刑務所のなかでの男前＝スタッドとは、男みたいな風貌《ふうぼう》で、ハーレムみたいにまわりに女たちをはべらせている者のことをいう。アメリカの黒人社会でいう、ピンプ・スタイルというやつだ。ピンプとは女衒《ぜげん》のことで、何人もの売春婦を囲いこんで体を売らせているヤクザな男を指すスラングだった。

けれどFCIのピンプは、なにも強制的に女たちをしもべにしているのではない。自然と女たちがスタッドを慕ってグループを作り、ピンプ状態となっている。

ある意味、レズビアン社会であり、そして黒人が多い女性刑務所の世界では、ピンプなスタッドはアイドルで、憧《あこが》れの存在なのだ。だから、最初は女の子《こ》だったのにみんなにモテたいからと、刑務所のなかでスタッドに変身してしまう娘もいる。

興味深いのは、白人のコたちもどんどん黒人化していくことだ。黒人やラテン系が多数を占める刑務所のなかでは彼女たちは完全な少数派だから、白人でいるのは心細いのかもしれない。入ったころはブリトニー・スピアーズみたいな金髪のロングヘアーの巻き髪だったのに、いつの間にか黒人風ピンプになりきっている子もいた。外では、パンクロックなんかを聴いてたような女の子が、しばらくすれば、髪を短いブレードに編んで、ヒップホップ・スタイルで、「Ｙｏ！　Ｗｈａｔ's ｕｐ ｍｅｎ！」なんてやってるのだ。

私にも、仲のいいスタッドがいた。三三歳の黒人のルピータだ。ルピータは見た目はまんま男で、本当に、「ピンプ！」という感じのスタッドだ。髪はブレードに編んだり、ショートアフロっぽくしたり。ピンプは色男だから、ヘアースタイルだって毎週のように変える。

ただ、ルピータはほかのピンプとはちょっとちがう。スタッドは基本的に自分の女たちに料理をさせたり身のまわりのなんやかんやすべてをやらせるのに、まったく逆なのだ。

メリッサというドミニカンがルピータの彼女で、ルピータがまるで、日本でいうところの「ヒモ」のようにかいがいしく世話を焼くのだ。メリッサがお腹《なか》がすいたといえばご飯を用意してやり、シャワーのときは頭を洗ってやり、終わるとドライヤーで乾かし、きれいに巻いてあげたりまでしていた。

一度、「なんでルピータはスタッドなのに、メリッサの世話をするの？」と聞いてみたことがある。するとルピータは、ちょっと照れくさそうにこう教えてくれた。

「メリッサはな、あんなかわいい顔してるけど、ドミニカの超大物マフィアのお嬢様で、姫のように育ってきてるのさ。だから俺がやってあげないと、何もできないのさ」

確かにメリッサは童顔だけど、話す声はドスが効いていて、妙な貫禄《かんろく》がある。しかも懲役二四年だった。なるほど、彼女はドミニカン・マフィアのファミリーの娘だったのか。

でもルピータが世話好きなスタッドであることも大きいように思えた。ルピータは別に私のピンプというわけでもないのに、よく私の髪の毛までブローしてくれたりして、それがまたやたらと上手《うま》いのだ。

一度、こんなこともあった。私が、キャティやリーなどアジア系のグループで写真撮影をやろうとしたときのことだ。ルピータが私の元へやってきて、こういうのだ。

「写真撮るんなら、俺がトモミの髪をブレードに編んでやるよ。俺のｃｈｉｃｋ（チック。若い娘のこと）がグループでいちばん目立つようにな！」

そして、髪の毛を編むだけでなく、とっておきのだぶだぶの黒系のスウェット上下も貸してくれた。その写真の私は、腕を組み、半身で構え、腰ばきにはいたＸＸＬのジャージにブレードの髪と、まるで黒人女性ラッパーのようで、ルピータも大いに喜んでくれた。

「トモミ、Ｃｏｏｌだぜ！　まるでビッチじゃねえか！　Ｈｏ〜！」とかいって。

そのとき、ルピータが貸してくれたとっておきの黒いスウェットジャージは、私たちのいるコネティカット州ダンベリーのＦＣＩでは手に入らないものだった。

ルピータはピンプだけあって、そんな色ちがいのスウェットを何枚ももっていた。

それは、他の州刑務所や拘置所から移送されてきた囚人が着ていたスウェットで、所内で高値で裏取引きされているのだ。通常、売店で二〇ドルで買える物が、色がちがうというだけで一着一〇〇ドルにもなったりする。みんな同じ格好をさせられる刑務所のなかでは、いかに他人とちがう服を着るか、いかにちがう物をもつかでおしゃれを競いあうため、高値をよぶのだ。だから、白い運動靴しか支給されていない私たちの刑務所に、スエードのワークブーツを履いた受刑者が他から移送されてきたときなんかは、誰がそのブーツを手に入れるかで異様に盛りあがったりする。

そして、スタッドたちは、グループでの写真撮影やナショナルホリデー（祝日）などのここぞというときには、そんなとっておきの服や靴を身につけ、髪の毛をばっちりセットして出かける。まぁ出かけるといっても、それは所内の食堂やレクリエーションルームなんだけどね、ハハハ……。

私がルピータを好きだったのは、態度がデカいだけのほかのスタッドたちとちがって、とてもやさしくてお茶目だったからだ。

私が朝寝坊してるときなんかいつも、そっと部屋に入ってきて、寝ている私の下半身のあたりを「ポンポンポン！」と、毎回三回ずつ軽くたたく。

「なんで、ポンポンポン！　なの？」と聞いたら、ニヤリと笑って、こういう。

「それはな、ベイビー、『ル・ピー・タ！』のリズムなのさ」

また、いつも家族の愉快な話をしてくれる。自分のお父さんの話や、娘が小学校で表彰された話なんかを、ちょっと照れながら、でも自慢げに話してくれるのだ。

ピンプはトークで女をとろかせてナンボなので、ルピータの話は毎回とても面白かった。

だがある日、いつもの家族の話をしていたとき、ふいにこんな言葉をつぶやいた。

「でも、もう一生、家族と暮らすことはできねえんだよな……」

そのときのルピータは、一瞬、見たことがないほど寂しげな表情をした。

ＦＣＩでは暗黙のルールとして、本人から話さないかぎり、懲役のことや罪状のことは直接聞かないことになっている。でも私は、思わずルピータに尋ねてしまった。

「ルピータ、まだ長くここにいなきゃならないの？」

答えてくれないかもと思ったけれど、彼女はとてもていねいに自分の刑期について語ってくれた。

「俺はもうここに一三年間もいるんだ。入ったのは二〇歳のときさ。そして、生きて出られるとしたら、そのときには俺はもう七七歳のオールド・スタッドになっちまってるはずさ」

ルピータの懲役は五七年だった。

二〇歳の若さで一生を刑務所のなかで過ごさなきゃならないと宣告されたとき、ルピータはどんな気持ちだったんだろう。もしかしたら、そのときのルピータはスタッドでもピンプでもなく、かわいいチックだったかもしれない。

「でも、べつに俺は、誰かを殺したわけじゃない」

一〇代のルピータは弟とともに、大きなドラッグ密売のギャングに属していた。

そのギャングがいっせい摘発を受け、仲間全員が逮捕されたとき、ほかのギャングスタは全員司法取引きをして、ルピータと弟に罪を全部かぶせてしまった。彼女たち姉弟以外は、誰ひとり刑務所にすら入らなかったという。でもルピータから、自分と弟を裏切ったギャング仲間の悪口が出たことは一度もなかった。ただときどき、思いだしたようにこういっていた。

「アメリカは大嫌いだ。もし、老いぼれてからでもここを出れたなら、俺はアメリカにはいたくない。ちがう国で死にたい」

だが、ルピータの家族は、まだ彼女のことをあきらめてはいない。彼女のことを深く愛する祖父が、今も必死で国の司法機関と闘っている。アメリカ中の有能な弁護士に会いにいき、何か打つ手はないかと模索しているのだ。

「俺は自分が無実だなんて主張するつもりはない。けど、ただ、できれば生きてるうちにここを出て、わずかな間でいいから家族と一緒に暮らしたいだけなんだ……」

ルピータの言葉で、もうひとつ忘れられないものがある。

それは、ちょっと頭がイカレてる感じの囚人が、州刑務所から移送されてきたときのことだ。その囚人は黒人だった。そのイカレた囚人を見て、白人の囚人がいった。

「そんなに頭がおかしいんなら、精神病院に入りゃいいのに」

ルピータはそれを聞き、あっさりこう言いはなったのだった。

「病院に入れるのは白人だけ。黒人やラテン系は全員刑務所送りさ」

実際、彼女たちにとっては、それほど刑務所は身近なところなのだ。まるで、近所の子どもたちが同じ中学校に入るように、幼なじみや兄弟や親戚《しんせき》同士が、このFCIに一緒に入っている。

「トモミの友だちや親戚で、トモミのほかに刑務所にいる人はいるかい？ いないだろ。やっぱり、日本はまともだね。俺たちアメリカの黒人は、ほぼ必ず兄弟や親戚の誰かが刑務所に入ってるからね。まともじゃない。まともじゃないけど、それがふつうなのさ」

オフィサーたち

ルピータのことは好きだったけれど、私はスタッドの彼女になる気には、やっぱりなれなかった。とりあえずほかのみんなからは、私の彼女はキャティということにされちゃってるし、私も面倒くさいから否定もしていないけれど、もちろん彼女は親友であって、恋人同士なわけじゃない。

ある日、キャティとこんな会話をしていた。

「でももし、五年間以上ここにいなきゃならないんなら、誰か女の彼氏を作るかもね。やっぱ、愛する人がいないと寂しいよ」

「じゃあさキャティ、男のオフィサーの誰かを好きになるのは？　けっこう、カッコイイ人だっているじゃん」

「えー、オフィサーなんてさ、いくらイイ男がいても絶対に自分のものにはなんないでしょ。そんなのが何人いても関係ないよ」

「まぁ、そうだけど……」

「トモミ、もしかして、誰かオフィサーで好きな男いるの？」

「っていうかぁ、カッコイイなぁって思うくらいだけど……」

「誰、誰、誰!? 教えてよ！」

「え？　実は……、ミスター・ベラスコ」

「何それ！　なんで？　あんなヤツを!?」

「……だって、見た目がいいじゃん」

そう、私は密《ひそ》かに、オフィサーのミスター・ベラスコのことがかっこいいと思っていた。

若い混血のラテン系で、かなりマッチョなベラスコ。全米で大人気の、プロレスラーでハリウッド・スターでもあるTHE ROCKにそっくりなイケメンのベラスコ。

私はただ、彼の容姿のかっこよさに惚《ほ》れて、勝手にあこがれて、彼がユニットを見まわりにきたときなんかに、チラチラ視線を送ったりしていたのだった。

でも、キャティが「あんなヤツ！」といったように、ベラスコは囚人たちの間でぜんぜん人気がなかった。ふつうあれだけイケメンだったらもっとキャーキャーいわれそうだけど、嫌われてすらいた。なぜならそれは、ベラスコがかなり厳しく、融通のきかないオフィサーだったからだ。

ベラスコのほかにも、ＦＣＩのオフィサーには、囚人たちに負けず劣らずいろんなタイプの人たちがいる。

私の大好きな、あの優しいミス・ディーのように、自らレズビアンを公言している人。

かと思えば、若い男性オフィサーを恋人にして、勤務中もぴったりくっついて、自分の担当ユニットから勝手に抜けだしてしまうおばさんオフィサーもいる。

また、若手の美人オフィサーも化粧直しばっかりして、あまりまじめじゃない。

筋肉自慢の元ボディビルダーのおじさんオフィサーは、暇さえあれば、囚人たちに筋肉を触らせていた。そして、正しい筋トレの方法と効果を熱く語る。

いつもハイで、目つきがテンパっていて、どう見てもクスリをやりながら勤務しているとしか思えない若い男のオフィサーだっている。

それとは別に、ミスター・Ｔという三〇歳くらいのオフィサーは、まじめなのだが、どこか挙動不審だった。ユニットの見まわり中でも、意味もなくビクッとして急に振りかえったりする。まるで常に何かに怯《おび》えているようだ。

「あの人、昔はああじゃなかったんだよ。もっとさわやかな感じでね、みんなに好かれてる人気者オフィサーだったんだよ。それがね……」

ＦＣＩ生活二五年のズマがいう。

「ミスター・Ｔは、志願したのかどうかは知らないけど、いったんオフィサーの仕事を休職して、湾岸戦争に行ったんだ。そして一年と少したってもどってきたんだけど、なんかまったく昔の面影がなくなって、いつもビクビクしてる男になっちゃっててさ。たぶん、イラクで相当恐ろしいことを経験してきたんだろうねえ。戦争はこわいね。あぁまで人間を変えちゃうんだから」

私はそんな話を聞いてから、もう一度、ミスター・Ｔの表情を見てみた。そう思うからかもしれないけれど、彼の眼はどこかとても暗かった。

そして、ベラスコだ。

彼はほかのオフィサーとくらべてかなり真面目《まじめ》なのだけれど、そのぶん、囚人たちのこまかい規則違反まで取りしまり、見逃してくれないから、本当に囚人たちからは嫌われていた。ミスター・Ｔとはまたちがう感じで、いつもイライラしているように見える。

たとえば、自分以外のユニットへは立ち入り禁止なのだけれど、ベラスコの場合、足一本を踏みこんでも、「ピピーッ！　そこ、入っちゃダメ！」なのだ。だから、「男のくせにこまけーんだよ、ベラスコ！」と、まるで男みたいな囚人たちの反感を買ってしまう。

　でも私は、単に顔やスタイルが好みだったんで、そんなことはあまり気にせず、ただただ彼のイケメンを盗み見たりしていたのだった。

　そんなある日のこと。私のユニットを見まわっていたベラスコが、突然話しかけてきた。

「ハイ、ちょっと聞きたいんだけど、きみは日本人なの？」

　そのとき私は、たぶん、ピアノの楽譜か何かを書いていたと思う。私はドキドキするのをできるだけ隠して、答えた。

「はい、日本人ですけど。なんで？」

「僕は昔、ドージョーに通って、忍術を習ってたんだ。それで、そのドージョーの総本部が、ニッポンのチバ県のノダ市にあって、僕はそこに一度行ってみたくてね。それで一時期、日本語を勉強してたことがあるんだ」

　ベラスコはそういって、コンニチハ、オハヨウ、ワタシハ、ベラスコデス……とか、知ってるかぎりの日本語をならべた。忍術っていうのは、まぁ空手みたいなものらしい。

　彼が日本のことをいくつか聞いてきたので、私はいろいろ教えてあげた。その千葉県野田市っていうのは、ソイソースのキッコーマンっていうメーカーで有名なんだよ、とか。

それから、ちょこちょこベラスコは私に話しかけてくるようになった。

最初のころは、日本のこととか、これは日本語で何というのとか、まるで日本語クラスのような会話しかしなかったけれど、途中からは、自分自身のこともしゃべってくれた。

「もう忍術のケイコはやってなくて、今はプロのバイクレーサーなんだ。レースに出場するにはとてもお金がかかるんだけど、スポンサーがいなくてね。だから今はここで働きながら、スポンサーを探してるんだ」

彼は、本当はバイクレーサーで食っていきたい、ここの仕事は正直やりたくない、というのだった。オフィサーをやりながらもどこかイラついているのは、やりたくない仕事だからだろうか。自分はこんなところで囚人の監視なんかしてる男じゃないと考えているのかもしれない。

(そんなにオフィサーの仕事が嫌なら、早く辞めればいいのに……)

ベラスコといろいろ話をしながらも、私は内心そう思っていた。なぜなら、ほかのオフィサーは適当に手を抜いて、ダラダラやっている人がほとんどだ。もしくはミス・ディーやミスター・ローレンスみたいに、この仕事に誇りをもってがんばっているか。

ベラスコはそのどちらでもなく、ただただ居心地悪そうに見える。

けど、私は「辞めちゃいなよ」とはベラスコにいえなかった。囚人の私が、えらそうにそんなこといえないという気持ちがあったのかもしれない。ベラスコが辞めちゃうと、ちょっと寂しくなるなぁというのも正直あったし。

だけど、ベラスコは、私と話すようになってから二か月後くらいに、急にオフィサーの仕事を辞めてしまった。なぜ辞めることにしたのか、私には何も教えてくれなかった。

「あいつ、辞めたね。なんかイヤイヤやってたみたいだから、ちょうどよかったんじゃないの？　でも、もしかしてトモミはすごく寂しかったりして」

キャティが、そんなふうにいってきた。

寂しくないといえば、嘘《うそ》になる。なぜ急に辞めたのかは私にはわかりようもない。

でもだからこそ、（彼は、バイクレースのスポンサーが見つかって、好きなレースに専念できるようになったから辞めたんだ）と思うことにした。

そして、勝手に心のなかでエールを送った。おめでとう、ベラスコ。がんばんなよ。

いつか日本においで。それで万が一にでも偶然会えたら……、無視しないでね。

私とベラスコはそんなふうに、ちょっとだけ仲よくなって、あっという間に終わってしまった。ベラスコは最後までみんなから嫌われていたけど、実は私的には、(ベラスコの本当の気持ちを知ってるのは私だけだもんね、へへへ) みたいな優越感もあった。それも、私の勝手な思いこみなんだろうけど、まぁ、いいじゃんね。

けど、オフィサーではなく、カウンセラーとややこしいことになって、とんでもない目に遭った囚人もいる。

ナオミだ。彼女はスパニッシュで、まるで映画女優みたいにきれいな娘《こ》だった。そのナオミに目をつけた男のカウンセラーがいて、そいつはかわいい子を見るとかたっぱしからモーションをかける、とんでもない野郎だった。

そいつの名前は、ベンディート。オフィサーやカウンセラーには一応、ミスターかミスをつけて呼ばなきゃダメということになっているけど、こいつだけは呼び捨てでいい。それくらいひどい奴《やつ》。三五歳くらいの彼は背も高いし、顔もそう悪くない。けど、女の子に話しかけるときのようすがかなりあやしくて、はっきりいって気持ち悪い。悪いけどこいつ、モテなさそうって感じ。

そんなベンディートが、性懲《しょうこ》りもなくナオミを口説きにかかった。そしてそれがうまくいかないとなると、セクハラまがいのことをやりはじめたのだ。

だけどナオミは、実は真性のレズビアンで男性には一切興味がない。しつこいベンディートに困り果てたナオミは、彼のことをFCIに訴えでた。ところが逆に、ナオミは即刻、懲罰房に入れられてしまったのだ。カウンセラーはオフィサーより立場的に上で、カウンセラーともめると、囚人の立場は本当に弱い。

女子刑務所では、男のオフィサーやカウンセラーと囚人との痴情のもつれみたいなトラブルはかなりあるらしい。またそうじゃなくても、囚人が憎たらしいオフィサーを陥《おとし》れようと、嘘のセクハラをでっちあげることもあるそうだ。そして、こういう事件がひとたび起きると、内部捜査が終わるまでの期間、囚人はずっと懲罰房に入れられてしまうのだった。

だけど、ナオミは一方的な被害者なのだ。ユニットの仲間が、「ナオミは男を知らない、生粋《きっすい》のレズなんだよ！　あんなベンディートとなんかデキてるわけないじゃん！」と抗議しても、FCI側は囚人の主張などに耳を貸さない。結局、最後はナオミの家族が弁護士を
ナオミは延々と懲罰房に入れられつづけた。結局、最後はナオミの家族が弁護士を

雇い、いろいろ手を尽くして、ようやく懲罰房から出ることができた。でもそれは、五か月もたってからのことだった。彼女は、あの懲罰房に五か月間も入れられっぱなしだったのだ。

ベンディートのほうは、いつの間にかFCIから異動になっていた。

懲罰房から出てきたナオミは、ものすごくやせて、顔もげっそりし、きれいだったころの面影はなかった。腰まで伸ばしていた美しい黒髪は、細かくツイストに編まれていた。自分で編んだんだろう。あの狭くて暗い懲罰房に五か月間も入れられて、やることといえば髪の毛を編むことしかなかったんだろう。私は三日間で気がおかしくなりそうだったのに。

胸が痛くなった。私はそれまでそんなに彼女と親しくなかったけど、思わず、「大変だったね。よくがんばったね。私にできることがあったら何でもいって」と声をかけた。

しばらくして、ナオミが私の元にきた。

「あのね、私、ピアノがとても好きなの。でも自分じゃ弾けないから……、トモミ、弾いて聴かせてくれる?」

私は、自分がいちばん好きなショパンの曲を弾いてあげた。となりでうれしそうに耳を傾けるナオミの顔にどんどん美しさがもどってくるような気がして、それがとてもうれしくて、私はずっと鍵盤《けんばん》をたたきつづけていた。

法律図書館のミス・ビビ

ＦＣＩには、『法律図書館』という場所がある。

そこには法令全書とタイプライターがあって、囚人たち自身が自由に法律に関して調べ物をしたり、陳情書などの公的文書を作成することができるようになっている。

私はピアノの授業に使う楽譜をコピーするために、そこをときどき訪れる。そして、そのたびに、とても切ない気持ちになっていた。

なぜなら、そこには、ルピータのように長い長い懲役刑を受けた囚人たちが、何とか自分の刑が短くならないか、どこかに法の抜け道はないか、もしかしたら自分の刑期は不当に長いんじゃないかと、日夜、法令書をにらみつけ、タイプライターで書類を作成しているからだ。二〇年間、毎日のように通いつづけている囚人もいるという。法令書の隅から隅まで読みつくし、タイプライターの活字が擦りきれるまで文書を打ち、あの手この手で裁判所に掛けあっているらしいのだが、まだ、その人はここにいる。

キャティがあるとき、『法律図書館』へ行き、「自分のケースでの移民法を調べたいんだけど……」となかの囚人のひとりにいうと、ものすごく法律に精通していて、すぐに必要な本を選びだしてくれたそうだ。私も、保釈金返還申請の手続きを、図書館通いの弁護士顔負けの囚人のおばちゃんにやってもらった。彼女たちは痛々しいほど前向きで、もうすぐ必ず、ここから出られると思っているようだった。

「なんか、かわいそう……」

思わず私がそうつぶやいたら、キャティは意外と冷たくこういった。

「いい加減あきらめればいいのに。やればやるほどつらくなるよ」

アメリカ市民権を拒否され、減刑措置が取り消されて以来、キャティは何かに期待するということに対してとても敏感になってしまっている。

法律図書館常連チームのなかには、私のピアノクラスの生徒もいた。

ミス・ビビと呼ばれている、五〇代のインド人女性だ。

同じユニットだったこともあって、私たちはわりと仲よくしていた。彼女はとても上品で、FCIにはほとんどめずらしいタイプだった。家族の写真を見せてくれたのだけれど、そこに写っていたのは彼女そっくりの、美人でアイビーリーグの名門大学に通う娘さんと、パイロットの息子さんだった。写真に写りこんでいる家やインテリアも超豪華で、庭にはプールもある。どっから見ても資産家のお金持ちだ。

「私はもうすぐ出るの。もうすぐよ、もうすぐ」

これが、ミス・ビビの口癖だった。ただ、もうすぐっていつ？　と聞いても、「だから、もうすぐよ」としか返してこない。だけど、彼女は上品でお嬢様で人懐《ひとなつ》っこい性格だから、入所してすぐに多くの友だちができたという。また、インテリっぽい彼女が話す、「私が作成している特別文書が法務省に通れば、ここの囚人たちみんながいっせいに減刑されるのよ」という話は、囚人たち全員にとって、とても魅力的だった。

せいぜいハイスクール卒業程度で、難しいことには疎《うと》い多くの囚人たちは、インテリの彼女が語る内容をかなり信じこんでいた。特別文書について熱く語る彼女の周りは、いつも人が取りまいていた。

だけど、いつまでたっても、その特別文書は法務省を通らないし、「もうすぐ出るの」という彼女は、いつになっても出所する気配がない。取りまいていた友だちも次第に、ひとり、またひとりと離れていく。そうやって、だれもミス・ビビの周りに集まらなくなったころから彼女は少しずつ壊れはじめ、こんなことまで言いだした。

「私たちをここに閉じこめていること自体が法律違反。だから全員無罪よ」

「私はブッシュ大統領の重大なる秘密をつきとめたわ。もうすぐここを出たら、CNNに生出演して、全米に向けて発表するの」

そんな突拍子もないことを言いつづけた結果、ついにミス・ビビは、〝クレイジーおばさん〟と呼ばれるようになり、だれからも相手にされなくなった。私は最初から、彼女の特別文書などはかなりうさん臭いなとは思っていたけれど、でも彼女を避けるようなことだけはしまいと決めていた。彼女は私のピアノの生徒だし、長くここに入れられていたら、ちょっとくらいおかしくなるのも当たり前だと思うから。

そして、明るかったころの面影もなく、いつも暗く沈んだ表情をするようになっていたミス・ビビが、ある日のピアノクラスで、突然泣きながら話しだした。

「私、もうすぐ出る、もうすぐ出られるっていってたけど、本当は懲役一〇年なの！」

意外だった。すぐ出るすぐ出るというのは疑わしいにしても、せいぜい一、二年の刑期だと思っていた。どう見ても上品でお金持ちの彼女、マフィアとの関わりなどありそうもない彼女が、懲役一〇年なんて。

私は、ピアノを弾く手を休めて、彼女が泣きながら語る話に耳を傾けた。

「私にはインドの血が流れていて、純粋なアメリカ人じゃないけれど、アメリカの法律を破ったことなんか一度もないわ。スピード違反すらしたことがないのよ。不動産ブローカーの仕事も誠実に行っていたわ。なのに……」

ミス・ビビが逮捕された経緯は、彼女の自己申告によれば、こうだった。

彼女の不動産の取引先のひとりが、実は大物ドラッグ・ディーラーだったのだ。日本の暴力団とちがって、アメリカのマフィアやドラッグ組織犯罪者は外見上はあくまでも金持ち紳士風なので、素人《しろうと》にはほぼ見破れない。ギャングは地元の不良集団だから外見で見分けもつくけど、マフィアは本当にわからないそうだ。そういえば、アレックスだって、パッと見はお金持ちの金髪ヤング・エグゼクティブっぽかったもんなあ。

しかもミス・ビビは、その大物ドラッグ・ディーラーと何か共同事業をしていたわけではないという。不動産を仲介し、その代金として小切手を受けとっただけだった。それをFBIは、ドラッグ・ディーラーからミス・ビビへ多額の裏金が流れていたとにらんだのだ。ドラッグ売買で得た不当な金のマネーロンダリングの疑いもかけられたのかもしれない。

別のピアノクラスの生徒にも、似たようなケースで逮捕されたという囚人がいた。支払ってもらった小切手の振出人がドラッグに関係したため、共謀者にされたといっていた。ドラッグ・ディーラーからただお金をもらうだけでも、法律的にはヤバいらしい。それが、ドラッグで得た金だと知っているのに受けとっていたら、もうアウトだという。ただ、その囚人は懲役二年だった。それにくらべると、ミス・ビビの懲役一〇年はあまりに重すぎる。

「FBIがね、その大物ドラッグ・ディーラーを取り逃がして、それらの罪が全部私にかぶせられたのよ」

堰《せき》を切ったように泣きくずれるミス・ビビに、私はかける言葉がなかった。私はもともと、年配の女性の囚人たちを見るたびに、ちょっとつらい気持ちになる。自分の母親を思いだしてしまうからだ。年をとり、体力も衰え、ストレスをため、更年期障害でふうふうあえいでいるそんなおばさんたちを見ると、やりきれない気分になってしまう。そんなおばさんたちは、ピアノクラスにたくさんいた。

そしてさらにつらいのは、そういう彼女たちのけっこうな割合の人たちが、このミス・ビビのように、「私はだまされてここにいる。私は悪くないのに……」と主張していることだ。

実際、彼女たちの訴えを聞くかぎりにおいては、本当に不当な逮捕、一方的な判決だなと思わされることが多かった。恋人や友人や知りあい、取引き相手がドラッグ犯罪者だっただけで、同じような罪にされてしまうのは、やっぱり理不尽すぎる。私自身がそうだから、そう思ってしまう面も強いのかもしれないけれど。

でも、それと同時にこうも思う。「自分は悪くない」と信じこんで刑に服するのは、本当につらいだろうな、と。私はアレックスがロシアン・マフィアだと知ってつきあっていたのだから、そのこと自体が悪かったんだといわれればあきらめがつく。事実、そう割りきった。そして、自分の「罪」を認めた。そして、だからこそ泣きごとをいわないでおこうと決めた。法の抜け穴を必死で探そうとも考えなかった。

だけど、ミス・ビビや、あの法律図書館に通う人たちは、あきらめがつかない人たちなのだ。五年、一〇年、二〇年と、あきらめがつかないまま、ここで生きなければならない。それは、どんなにつらいことか。

「いい加減あきらめればいいのにね」

彼女たちに向けて、冷たくそう言いはなったキャティの言葉を、私はもう一度かみしめた。

私は、ミス・ビビの文書が有効だとは思えないし、法令書を調べあげて、彼女の罪を軽くしてあげる力もない。

だけど、せめて、ピアノだけはちゃんと教えてあげようとあらためて心に決めた。

彼女が鍵盤にも触れず、ただひたすら愚痴を話すだけだとしても、それをしっかり聞いてあげようと。

ミス・ビビは、やさしいところもある女性だった。

ある日、私に、毛糸で編んだとてもかわいいクマのぬいぐるみをプレゼントしてくれたのだ。私には、幼いころからずっと大事にもっているクマのぬいぐるみがあった。ニューヨークで暮らしていたときもずっとそばに置いていた。できることならそのクマも、コンタクトレンズと一緒に美由紀ちゃんにＦＣＩにもってきてほしいくらいだった。けど、小さなコンタクトレンズは隠して持ちこめても、さすがにあのクマのぬいぐるみは無理……。

ミス・ビビがぬいぐるみをくれたのはピアノクラスのときで、なんとなくそんな話をした数日後だった。

「トモミ、これ、受けとって。あなた、クマちゃんが好きなんでしょ」

彼女がくれたぬいぐるみは、編み目のひとつひとつが五つ編みになった、とても手のこんだものだった。本来はミス・ビビが、娘さんへの贈り物にするために、わざわざ編み物が上手な囚人に隠れてお金を払って作ってもらったものだという。

「娘には、また贈ればいいから。それより、トモミにあげたいの。もらってくれる?」

私は喜んでいただいた。本当にかわいいクマだったので、それはユニット内でも人気者になったくらいだ。囚人は、やはり寂しいからだろうか、みんなぬいぐるみをとてもかわいがる。連れて歩いている人もよく見かける。私もそのクマはかわいくて、一緒に寝ていたほどだ。だけど、それがいけなかった。一度、寝ぼけてクマをベッドの横の便器に落としてしまったのだ。

それを見つけたユニットの囚人たちは、すぐ私を起こしてくれればいいものを、

「ギャハハハ! 見て見て! クマがプールで泳いでるよ! かわいい〜!」と笑いころげていたらしい。私は正直、ムッとした。

(かわいくなんかないっ、クマがかわいそうじゃんよ! 便器の水でふやけちゃうよ!)

やはり、手を伸ばせばそこに便器がある部屋で寝起きするのは大変なのだ……。

クマちゃん、ミス・ビビ、ごめんなさい。てへへ。

濃霧点呼事件とチクリ屋・ラファエラ

その日、ベッドの中でずっと本を読んでいて、眠りについたのは朝方だった。けど、ピアノクラスは午後からの時間に集中していたので、午前中はずっと寝ていられるはずだった。

本来の規則では朝五時起床なのだが、それを守っている囚人はほぼいないし、オフィサーもまったくとがめないからだ。

だからその朝、私は思いっきり爆睡していた。しかし、どこかから点呼をするオフィサーの声が聞こえてくる。あー、また嫌な夢を見ちゃってるんだ、いい加減カンベンしてくれよ……そう思った瞬間、次のようなオフィサーの声がはっきりと耳に入った。

「濃霧のための緊急点呼をしましたが、一名たりません！　三度カウントしましたが、同じです！」

げげっ、ヤバいっ、夢じゃない！　ダンベリーはときどき、町中が濃い霧に包まれるときがあり、視界が極端に悪くなる。もしそのときに脱走者が出ると捜索困難なため、霧が出ると同時に特別警戒態勢に入り、囚人はその場から動いてはならず、何度も点呼・人数確認が行われるのだ。その際、囚人は全員、ユニットや職場の入り口に整列しなければならない。

朝は寝ていても見逃してくれるけれど、午後四時のいっせい点呼及びこの特別警戒態勢の緊急点呼に出ないことは、かなり重い違反となる。

(やばい！　どうしよう……。このまま寝たふりしてようか。だって今さらのこのこ出ていって、「すみません寝てました」なんていえないよお……)

でも、寝ていても仕方ない。ここは刑務所のなか、逃げるところなんて、あるわけないんだし。意を決して、ガバッと起きる。その瞬間、近くにいたオフィサーが叫んだ。

「あーっ！　いたっ、いました！　ベッドのなかです！」

「何!?　なぜベッドに残ってるんだ！　その囚人をオフィサールームに連れてゆけ！」

(あーやばい。本当にやばい。やばいやばいやばい。とうとう懲罰房行きか。こんなことになるんなら、遅くまで松尾スズキさんの小説なんか読むんじゃなかったよ！)

オフィサールームのドアを開けて入っていくとき、どれだけ気が重かったか。

そして、オフィサーが居ならぶなかで、私は尋問された。

「きみはなぜ、点呼に応じなかった？」

私は、いたずらが見つかった小学一年生みたいに直立不動の姿勢で、思いっきり声を張りあげて答えた。

「寝ていて気づきませんでしたっ！」

一瞬、オフィサールームが沈黙する。直後、「ギャハハハハハハ!!!」

オフィサー一同大爆笑！　本当に腹抱えたり、手をたたいたり、涙流して大笑いしている。

そ、そんなに変なことといったかな……。

結局、笑いを誘ったのが功を奏したのか、懲罰房はおろか、「庭掃き○時間」といったペナルティすら受けることなく、私は帰された。オフィサーたちは怒ることすら忘れ、「トモミ、きみは子どもみたいに平べったいんだね。ベッドの上にいるのが本当にわからなかったよ。これがカントリー（体重推定二〇〇キロ超）なら、たとえ所内が霧でもわかったろうけど」とかいって、またゲラゲラみんなで笑いだす始末だった。

んー、体が平べったいと笑われるのは、ある種のセクハラなのかな。けど、それで懲罰を受けずにすむならぜんぜんいいや、と思った。

ただ、私は怒られなかったのに、私の新しいルームメイトのラファエラが、オフィサーにしつこく詰問《きつもん》された。ラファエラはドミニカ人のおばさんで、ほとんど英語が話せない。

「ラファエラ、なぜあなたはルームメイトのトモミを起こさずに、自分だけ点呼の整列をしていたんだ？　しかも、ひとり足りないと騒動になっているのに、なぜだ？」

ラファエラは、「別にあの子が寝ていても、問題ないと思ってた」といいはったが、何かあればスパニッシュ系と対立する黒人の囚人たちが、「あいつは嘘《うそ》をいっている」と怒りだした。

「ラファエラは意地悪して、トモミを起こさなかったんだよ」と。

私は自分のまぬけなミスでラファエラが責められるのはつらかった。

けれど、ユニットの最古参で誰からも慕われているズマが、こう私にいってくれた。

「黒人たちがラファエラを責めるのもいい気持ちはしないけどね、ラファエラも悪いんだよ。彼女、チクリ屋だからね」

ラファエラは、出所したグロリアの後釜《あとがま》として、私のルームメイトになった。その前は一か月間懲罰房に入れられていた。その理由もまたすごいもので、嫌いなオフィサーに嫌がらせするために、オフィサールームの鍵穴《かぎあな》に接着剤を流しこんでいるところを見つかったからだという。無茶するよなぁ……。

そしてラファエラは懲罰房のなかでも、囚人仲間の怒りを買うことをやったらしい。

ＦＣＩの囚人たちの間にはさまざまな暗黙の掟《おきて》があるのだけれど、懲罰房に友だちが入れられた場合、煙草《たばこ》の差し入れをするというのもそのひとつだった。キッチンで働いてる囚人に頼み、煙草数本と「これを○○にわたして」と書いた紙を一緒に丸めて、食事のなかに隠してもらうのだ。その食事は、懲罰房の誰かに当たる。その紙と煙草を受けとった囚人は、今度は掃除に来る囚人に、「これ、○○にまわして」とわたす。掃除当番の囚人も懲罰房入りしている囚人だが、掃除のときだけはどの房にも自由に行き来できる。掃除当番の手を通じて、煙草は無事に目的の人へと届けられるのだ。

ラファエラは懲罰房にいた一か月間に何回か掃除当番をやり、その際になんと他の囚人への差し入れの煙草をいつも何本かネコババしていたというのだ。そういう行為は必ずバレてしまう。しかも一本ネコババした上で、残りを本人にわたした後、すぐさまオフィサーにチクリに行くというから悪どい。

このラファエラのチクリ行為には、実はオフィサーたちも怒りを覚えていたらしい。

映画やドラマでは、刑務所のオフィサーたちは囚人に密告させようとしている風によく描かれているが、実際はそうではなかった。大部分のオフィサーたちは、密告者＝チクリ屋を嫌っていた。やはり、卑怯《ひきょう》なふるまいが許せないらしい。

しかし、チクリがあった場合、仕事上それを見過ごすわけにもいかないので、逆にチクリ屋に何か問題があったときは、かなり厳しく接するようになる。

私の点呼寝坊事件も、なぜ大目に見てもらえたかといえば、オフィサーたちもチクリ屋のラファエラをよく思っていなかったからかもしれない。

クリスマス

FCI内では、けっこういろんなイベントが勝手に開催されている。

たとえば、運動会。ある日曜日に、黒人の囚人たちが中心となってリレーや短距離走の運動会を開いていた。最初私は、「行事として組みこまれているのかなぁ」と思っていたが、どうやら、やりたい囚人だけが集まってオフィサーに頼み、やらせてもらっているようだった。

それで、何の気なしに私はその「自主運動会」を眺めていたのだけれど、見ているうちに本当に驚いた。何しろ、みんな異様に足が速い！　もう笑っちゃうくらい速い！

黒人＝足が速いっていうのも、ある種の偏見だとは思うけど、でもやっぱり速いもんは速い……。それから、バスケ大会。これは大会というよりは、体育館でやっているバスケの試合、これがやってるほうも見物しているほうもものすごく盛りあがっていて、これも初めて見たときは、「球技大会でもやってるのか？」と勘ちがいしたほどだった。それこそまるで、毎日が球技大会なのだ。

でも、いちばん笑っちゃったのがソフトボール大会。

これはふだん、あまり誰もやっていない。けど、誰かが急にやりたくなっちゃったらしく、オフィサーに、「ソフトボールの試合がやりたい」とかいって許可をもらい、始めたのだった。けど、ソフトボールはそれぞれ最低九人メンバーがいる。しかし、人数が足りなかったので、適当にその辺にいる囚人に、「あんた、ソフトやらない？」とか声をかけて集めたようだ。声をかけられたほうも、「えー、やってもいいよー」と簡単に応じ、試合が始まった。けれど、ふだんからスポーツをやりなれている囚人たちのなかに、運動なんてまったくやっていない、かなりおデブちゃんが偶然声をかけられて混じっていたから、さあ大変。

そのおデブちゃんは外野を守らされていて、そこへ打球が飛んだものだから反射的に走りだした。でも直後、おデブちゃん、グラウンドに落ちていた鴨《かも》のうんこを踏んづけて、ずるって〜んとコケちゃった！　まわりで見ていたやじ馬たちは大爆笑！

ＦＣＩのグラウンドには鴨がいつもよちよち歩いていて、鴨のうんこだらけなのだ。私も思わず大笑いしちゃった。でもかわいそうなことにそのおデブちゃん、足首複雑骨折の大ケガ。担架で病院に運ばれていった。それからしばらく、だれもソフトボールはしなくなりました。

と、何事にかけても適当にやっているFCIイベントだけれど、クリスマスだけは正規行事であり、まるで日本の高校の文化祭のような盛りあがりを見せる。

まず、二週間ほど前から、希望者によってユニットごとのクリスマスの飾りつけが始まる。飾りつけに使う絵の具や画用紙や段ボール、その他いろいろの必要経費は、ちゃんとFCIが出してくれる。また、これは「ユニット対抗デコレーション・コンテスト」でもあって、クリスマス当日の午前から午後がその発表の場で、オフィサーが審査員となって順位を決めるのだ。

飾りつけには、それぞれテーマがある。だいたいがメルヘンチックな、絵本に出てくるような世界だ。私のユニットは、「小さな町のクリスマスの夜」がテーマで、ミニチュアのお花屋さん、お菓子屋さん、洋服屋さん、靴屋さん、などの商店街と町なみを作り、そこへ雪を降らせ、電飾をつけ、ツリーを立てた。

ほかのユニットで、「一家団欒《だんらん》クリスマス」がテーマのところなどは、ある家族の暖炉のあるリビングルームをそのまま再現し、囚人たちがおじいさん・おばあさん・両親・子どもなどに扮《ふん》し、まるでテーマパークみたいだった。

この飾りつけを熱心にやるのは、たいていがスパニッシュ系のおばちゃんたちで、それこそ二週間、毎日深夜まで真剣に取りくんでいた。黒人たちなんかは逆に、「よくやるよねー」って感じで、やっぱり民族性がちがうのかなぁなんて思ったりした。すごく大ざっぱにいっちゃえば、スパニッシュの人たちはすごく家族の絆《きずな》を大事にして、「貧しいけれど楽しい我が家」みたいな感じ。逆に黒人たち（アフリカン・アメリカン）は、シングルマザーが極端に多いし、家族がバラバラになっちゃってる人が多いように思えた。スパニッシュの人たちはほぼ移民なわけだから、より家族が結束するのかもしれない。

それで、このユニット対抗デコレーション・コンテストで優勝すれば、ユニット全員が体育館で新作映画を観《み》ながらポップコーン食べ放題……という御褒美《ごほうび》がもらえる。

でもまぁ、映画はふつうに毎週金曜日午後六時半から体育館で上映会があるので、そんなに大した御褒美でもない。ちなみに、その毎週の上映会はけっこうな人気だった。映画ならユニットごとのテレビルームでも同じものが観られるのだけれど、みんな妙におしゃれをして、いそいそと体育館に足を運ぶ。実は、暗くして映画を上映するこの会は、カップルが自由にイチャイチャできる、FCI随一のデートスポットだからだった。

クリスマス当日。

この日にかぎっては、丸一日労働はお休み。囚人全員にお菓子セットが配られ、通常は出入り禁止の各ユニットが全面開放され、それぞれの飾りつけを見物に行ける。

メインイベントは夕方六時スタートの、大講堂をステージにした「ＦＣＩタレントショー」。これは要するに、「塀のなかのものまね大会」だ。ＭＴＶミュージックアワード（レコード大賞みたいなものです）を真似《まね》たセットを手作りで造って（でも当然、思いっきりチープ）、司会ふたりも、それらしいタキシードにドレスっぽい仮装をしていたりする。

そして次から次へと、自主参加のものまね自慢の出演者がステージに登場し、歌い踊る。

ものまねのネタはそれこそベタベタで、マイケル・ジャクソンにジェニファー・ロペス、ビヨンセ、エミネム、50セントとか、ＭＴＶの人気スターばかり。超満員の大講堂は、音楽が鳴ってものまね囚人がひとり登場するごとに、もうものすごい盛りあがり。全員総立ちになって一緒に踊りまくりだ。

もともとみんなダンスや歌が大好きで、夏の夕方の運動場や庭なんかは、いつもダンスする囚人であふれかえっていたくらいだ。そういうとき、どういうふうに踊るかといえば、個人所有できるラジオのイヤホンを耳に差しこみ、ラジオを片手にもち、体を激しくゆさぶる。だいたい同じ局に周波数を合わせてるから、みんなの好きな大ヒット曲がかかったりすると、もう運動場と庭の全員が同じ格好――手にもったラジオを高く差しあげ、足を踏み鳴らして大合唱！――をするから、本当に壮観だった。

クリスマスの今日はいつもとちがい、ラジオじゃなく講堂中に音が鳴りひびき、ステージには仲間が立っていて、全員で遠慮なく歌い踊れるのだから、盛りあがらないほうがおかしい。ほんと、建物が壊れるんじゃないかっていうくらいに、みんな踊る踊る踊る。

私は音楽もクラブも大好きで、高校生のころからニューヨーク時代まで、かなりのライヴも観たし、クラブでも踊ったけど、このクリスマスの連邦女子刑務所大講堂ほどの盛りあがりには出会ったことはない。たぶん、これからもないと思うな。

で、ステージ上の囚人たちのものまねはどうかといえば、これがまた似てない！似せようとかいうより、いかにセクシーに踊り歌うかに力をいれているみたいで、全裸に近い格好で股《また》をひろげ、腰を落とし、もう、「あんたストリッパーかよ！」と叫びたくなるほど過激なのだ。そして、過激であればあるほど、さらに囚人は熱狂する。

オフィサーたちも大喜びで、「そんな肌を露出させてはいけません！」なんてヤボなことをいう人もいない。

ものまね出演者のなかでいちばん人気だったのは、オカマちゃんのラティーシャだ。彼女は性転換手術であそこをちょん切っていた。アメリカの法律では、性器を切っていれば女性と認められ、女子刑務所へ入れるらしい。

ラティーシャは白人と黒人のハーフで（ただし、黒人の血が何分の一かでも混じっていれば、アメリカではそれは黒人とされるようだ）、年齢不詳。化粧バッチリで顔は女だけど、体はゴツく、身長二メートル近い巨漢だ。

彼女はピアノクラスの生徒でもあって、私もよく知っていた。というか、陽気でおもしろいオカマちゃんのラティーシャはＦＣＩに知らぬ人がいないほどの人気者だった。夕方の庭でのダンスでも、みんなを喜ばせようと踊りながらどんどん服を脱いでいき、最後にはすっぽんぽん寸前までになって、庭掃除四〇時間の懲罰をくらっちゃったことまである。でもそんなときだってラティーシャは首にかわいいショッキング・ピンクのスカーフを巻き、腰をクネクネさせて踊るようにほうきを操っていた。

「たとえ懲罰中でも、女の子のアタシは、ピ・ン・ク♡」なんていいながら。

そんな踊り好きが認められて、ラティーシャはダンススクールを受けもつようになり、なんと正規授業にまでなった。

けどラティーシャのダンスレッスンは、踊りを教えるというよりは、まるでラティーシャのダンスショー。テープで音楽をかけ、ラティーシャがひたすら踊り、生徒は観客状態。特にラティーシャの十八番、ビヨンセの全米ナンバーワンヒット曲『クレイジー・イン・ラブ』のときは、ラティーシャは踊りながら生徒のなかに入っていき、生徒たちもモーゼの十戒で海がまっぷたつに割れるがごとくに道をあける。そしてラティーシャは扇風機の前までいき、風に髪をなびかせながら、ビヨンセのふりつけを完全コピーで踊りまくる。

身長約二メートルのオカマちゃんビヨンセのダンスに、生徒たちだけでなく、見学している囚人たちも大笑いしていた。

だからクリスマスのこの夜も、『クレイジー・イン・ラブ』のイントロが鳴り響いた瞬間、大講堂の盛りあがりは最高潮に！　そして、曲に乗って特別あつらえの超セクシードレスを着こんだラティーシャが腰をクネらせながら登場するや、もう全員大爆笑！

私も入所してからはもちろん、逮捕されてから約二年間でここまで笑ったことはないくらい、笑い転げていた。

ラティーシャもすごくうれしそう。ひょっとしたらラティーシャなんて、外の世界よりもこの女子刑務所のほうが居心地がいいんじゃないのかなと思ってしまうくらい。FCIではみんなの人気者で、誰からも愛されているけど、外では気持ちの悪いデカいオカマとして差別扱いが待っているかもしれないし……。

ラティーシャは、このクリスマスの夜をラストステージに、社会復帰のリハビリテーションキャンプへ移動になった。どんな罪で入ってきたのかは彼女は何もいわなかったけど、そう重い懲役ではなかったのだろう。

私のピアノクラスの生徒のなかでもとびきり陽気で、いつも笑わせてくれたラティーシャ。

外の世界でもFCIと同じノリで、人気者で生きていってほしいな、なんて思った。

クリスマスが終わると、すぐ大晦日《おおみそか》がやってきた。

この日は特別に、ユニットの消灯時間が午前三時まで延長される。

年が変わる瞬間は、みんなテレビルームに集まり、MTVのカウントダウン特別番組を観ながらいっせいにカウントダウンをした。

クリスマスほどではないにしても、みんな騒いでいる。

ようやく一年が過ぎた。

私の人生のなかで、たぶんいちばん激しかった一年。

刑務所のなかのハッピー・ニュー・イヤー。

あまりハッピーとは思えないけれど、でも、とにかく一年が過ぎたことがうれしかった。

トリッサ、そしてシュボーンの奇跡

トリッサという白人のおばさんがいた。

彼女は仕事以外の時間はいつも静かに本を読んでいる、私のユニットでただひとりの白人だった。けれど、それ以上に彼女を際立《きわだ》って目立たせていることがあった。彼女は、FCIでのちょっとした有名人だったのだ。トリッサには左足がなかった。そして、右手と左手の指も、合計で四本なかった。

シャワールームに立てかけてあったトリッサの義足を初めて見たときは、さすがにびっくりしてしまった。彼女を有名にしていた理由は、その体のハンディキャップのほかにもうひとつあった。それは、彼女が元CIA＝アメリカ中央情報局のスパイだったという噂《うわさ》だ。

彼女は五か国語が自由に話せる。キャティが、こんなことをいっていた。

「トリッサの知能指数は異様に高いんだって。彼女ほど頭がいい人はオフィサー含めても誰もいないから、誰とも話が合わないんだって」

だからなのか、ひとりの友だちも作らず、本当にいつも本ばかり読んでいた。

トリッサと私が話すようになったきっかけは、ちょっとしたことだった。

彼女がいつものようにひとりで本を読んでいたとき、突然、彼女の息子さんが面会にやってきたのだ。驚いて、焦《あせ》るトリッサ。見ると、彼女が着ている囚人服はしわだらけだ。

(せっかく会いにきてくれた息子さんの前に、しわくちゃの服で出るのは嫌だろうな)

そう思った私は、「ミセス・トリッサ、あなたの上着、ちょっとアイロンかけてあげましょうか?」といってみたのだ。トリッサはすごく喜んでこういった。

「ありがとう、トモミ。私、そういうことぜんぜん気がまわらなくて」

それから少しずつ、トリッサと接するようになった。彼女は本当に頭がよくて、どんなことでも知っていた。もし彼女が私の日本語クラスの生徒だったら、日常会話程度なら数週間でマスターしてしまうかもしれないな、なんて思った。

けどそのかわりトリッサは、アイロンがけや料理などは丸っきりだめだった。

私の電子レンジクッキングをいつも興味深く見ているから、少しわけてあげると、「信じられない! レンジだけでこんなにおいしく作れるなんて!」と、ものすごく驚く。

「私も最初のうちはレンジでうまく作れるのかなって思ったけど、慣れるとできるよ」

数日後、トリッサが困った顔でやってきた。

「ねえトモミ、私も料理に挑戦してみたんだけど、このライス、なんだか変なの。どうして？」

そこには、べちゃべちゃに炊《た》かれたご飯があった。きっと水の分量をまちがえたんだろう。

あんなに頭がいいのに、なんでそんな単純な失敗を？　とか思ったけど、きょとんと困った顔をしてる彼女は、どこかかわいらしくもあった。やはりこの人は、ふつうの日常生活とは別次元の世界で生きてきたんだろうな、なんて思った。

トリッサが何の罪で、どれほどの刑期なのかは誰も知らなかった。ただあるとき、彼女のルームメイトがこんなことをいっているのを耳にした。

「トリッサ、かなり長い懲役だと思うよ。だってあの人、いつもはすごくクールだけど、夜になると毎晩うなされてるから。とても苦しそうだわ。私もけっこう長いけど、あんなに苦しい顔でうなされている人は見たことないよ」

トリッサとは、私がＦＣＩを出るまで、本当に穏やかでいい関係が続いた。私は料理や編み物やアイロンがけを教えてあげた。彼女は私に、難しい英語のいいまわしや、スペイン語の文法などを、とても的確にわかりやすく教えてくれた。私が所内で二年目の夏を迎えたころ、「夏が終わると、私、もうあと少しで出れるんだよ」といったら、とても寂しそうな顔でこういった。

「あなたは私の大切な先生なのに、あなたにはいろんなことを教えてもらったのに。トモミがいなくなったら、私は誰に質問すればいいの？　私は先生を失った生徒になってしまうわ」

出所するとき、私はもっていた編み棒をすべて、トリッサにあげた。私しか話し相手がいなかった彼女は、今もあの編み棒を使ってくれているだろうか。

もうひとり、同じユニットでとても印象に残っている子がいた。

シュボーンというかわいい名前の黒人の女の子だ。

銀行強盗が彼女の罪だった。まだ若く、二〇歳だったけど、彼女の前途は多難だ。それは、彼女が今ＦＣＩにいるからということだけではない。彼女の刑期はあと数か月だったが、彼女は出所後も強盗で銀行に与えた損失の三〇万ドル（約三六〇〇万円）を返済していかなくてはならなかった。

しかも彼女は重病を患《わずら》っていた。顔には、ピンク色や茶色のカポジ肉腫《にくしゅ》が現れていた。

彼女はＡＩＤＳだった。そのうえ、癌《がん》も併発していた。

しかし、彼女はとてももとてもやさしい子だった。ルームメイトのインド人のおばあさん、サリーの世話を常にしてあげているのだ。サリーは年老いているため、洗濯や食事などが大変なのだけれど、それらを全部、シュボーンはやってあげていた。

「私と一緒の部屋なんて、いやでしょ。だからせめて、身のまわりのことくらいはやってあげたいの」

こんなことをいえる囚人を、私はシュボーン以外に知らない。自己主張と自己正当化だけは一人前というのが囚人で、ある意味、そうじゃなくちゃここではやってられないから。

シュボーンは私にすらやさしかった。私はＦＣＩ二年目でようやく環境に慣れてきたはずなのに、やっぱりストレスがたまっているのか、顔中にすごいニキビが吹きだしていた。

「トモミ、その顔のニキビ、皮膚科のお医者さんに診てもらったほうがいいよ。私、カポジ肉腫の治療で病院に通ってるから、先生に頼んであげようか？」

いくら私のニキビがひどくても、そんなのはシュボーンの病気とくらべたら、本当にどうでもいいようなことだ。なのにシュボーンは、本気で心配してくれるのだ。

「日本人って、肌きれいだよね。もったいないよ、病院行ったほうがいいよ」なんて。

アマリは、そんなシュボーンが愛《いとお》しくて愛しくて仕方がないようだった。

アマリもとてもやさしい気持ちをもったジャマイカ人のおばさんで、あのチクリ屋・ラファエラがほかのユニットへ移動させられたあと、私のルームメイトになっていた。

私は、出所が近づいたシュボーンのために、巾着袋《きんちゃくぶくろ》を作ってあげていた。出所するときに、ここで使っていた品物を入れて、もってかえれるように。そして、ここでの思い出の品としてもらうために。

いよいよ、シュボーンの出所が明日となった。私はできあがった巾着袋をシュボーンにわたしにいった。

「シュボーン、元気でね。絶対元気でね。この袋を見たら、私のことを思いだしてね」

私はシュボーンを抱きしめた。彼女は泣いていた。私は必死に我慢した。

数時間後。ピアノのレッスンをしている最中に、アマリが泣きながら飛びこんできた。

「大変！　シュボーンが、シュボーンが、昏睡《こんすい》状態になって病院へ運ばれたの！」

それだけいうと、アマリはその場に泣きくずれてしまった。

「このままシュボーンが天国へ行ってしまうなんて、かわいそうすぎるじゃない！　せめて外へ出て、自由を少しでも味わってからでも遅くないじゃない！　明日なのにね、明日になったら出れたのに！　神様、お願いです！　シュボーンを助けて！」

私は何もいえなかった。

ＦＣＩで、いろんな人の、いろんな人生や運命と出会ってきたつもりだった。なのにまだ、シュボーンみたいに、苛酷《かこく》すぎる重荷を背負わされている人がいたなんて。

私たちは囚人だ。罪を犯し、罪を償うために、刑務所にいる。

泣き言はいいたくない。でも、もう、涙を我慢することはできなかった。

二週間後、一瞬の奇跡が起きた。

病院で一命をとりとめ、体調をぎりぎり回復したシュボーンがFCIにもどってきたのだ。彼女の刑期はあと一日残っているから、そのために帰ってきたのだ。

(そんなの、シュボーンの命はあとどれだけかわからないんだから、一日くらいどうにかしろよ! FCIの人でなし!)

私は内心、そう毒づいたけれど、それでもアマリは大喜びだった。シュボーンが生きていたことが本当にうれしかったのだ。シュボーンがあのまま病院で亡《な》くなっていたとしても、私たち囚人にそのことが知らされることはない。だからアマリは、シュボーンが生きていることを強く祈りながらも、半分以上あきらめていたのだろう。

「よかったね、よかったね、よかったね、シュボーン! 本当に、本当に!」

アマリだけじゃない。ユニット中のみんながシュボーンの帰還を喜んだ。こんなにユニット中の囚人がひとつになったことなんか、それまでになかった。クリスマスのときより、大晦日のカウントダウンのときより、ユニット中におめでとうの声が響いた。

シュボーンは、とてもうれしそうに笑った。

「ありがとう、みんな。私、すごくうれしい」

翌日、シュボーンは出所していった。

何日間かたったあと、アマリがシュボーンのお母さんに電話をしたいというので、一緒に電話してあげた。電話代は私が出した。電話に出たシュボーンのお母さんはこういった。

「娘は刑務所を出てすぐ病院に運ばれました。今は入院中です」

その後、アマリが何度電話をかけてもお母さんは、「入院中です」としかいわない。一か月ほど電話をかけつづけてから、アマリは電話することをやめた。

流血事件

暑い暑い二度めの夏をどうにか乗りきって、いよいよ出所も見えてきた。

私の懲役は二年。二四か月。七三〇日。そしてこのまま無事にグッドタイムが適用されれば、刑期は一五％引かれるから、一〇月には出所できるはずだ。

私は、アマリやシャヒーダ、ジェニーやズマにルピータ、そしてキャティたちと何度も写真を撮った。撮影の仕事をしているおばさんの囚人が声をかけてきた。

「あんた、最近よく撮影に来るわね。さては出所が近いんじゃないの」

そのおばさんは、あるすごい殺人事件で長期刑に服している所内の有名人だった。自分の実の赤ちゃんを殺し、それをオーブンで焼き、夫に食べさせたのだ。

私はさすがに恐ろしくて、その人とはあまり話したいと思わなかった。だけど、こうやって「もうすぐ出所なのね」と声をかけてもらって、ちょっとうれしかった。

でも、出所したからといって、私みたいな外国人はすぐに自由になれるわけではない。

強制送還の手続きが終わるまで、入国管理局＝イミグレーションに収容されるのだ。

その収容期間はだいたい一週間から一か月ほどらしい。刑期ではないから、正確な日数がわからない。だから、いくら刑期を終えても、あと一か月は拘束される可能性があった。

さらに憂鬱《ゆううつ》なことがあった。コネティカット州のイミグレーションは州刑務所に併設されているため、基本的には州刑務所に収容されることになる。

州刑務所のひどさは、それを経験したほかの囚人たちからさんざん聞かされていた。施設や設備のひどさもさることながら、とにかく囚人が荒っぽいのだという。ギャングメンバー同士の抗争なども頻繁にあるという話も聞いた。「州刑にくらべりゃ、FCIなんて幼稚園だよ」なんて。

だけど、ひとついいことがあった。それは、私の出所予定日の一週間後にキャティも出所することだ。キャティも強制送還組だから、たぶん、イミグレーションでも一緒に過ごせる。アメリカを離れるギリギリまでキャティといられるのはやっぱりうれしい。キャティも、こういう。

「アメリカ市民権がとれなくて、ドラッグプログラムの減刑措置が受けれなくなったときは本当に落ちこんだよ。でも、トモミと州刑務所でも一緒にいれるなら、ちょっとは救われた気分になるね」

そんな、私もキャティもFCIの次を見すえるようになっていたころ、その大事件は起きてしまった。それは、ランドリールームでの出来事だった。

約半年前、ランドリーのシステムが変更された。それまでは各ユニットにあった洗濯機と乾燥機が撤去され、その代わりに全囚人用の大型ランドリールームが新設されたのだ。

だが、これは私たちにとってはかなりつらいシステム変更だった。ユニットごとにあったときでさえ、ランドリーはケンカ多発地帯だったのに、それが約一三〇〇人の全囚人がひとつのランドリールームを使うとなるとどうなるか。洗濯機と乾燥機はそれぞれ一四台しかない。しかも、常にそのうちの一、二台は壊れて動かないのだから。

結果、毎朝六時一〇分、ランドリー開始の時刻とともに、服や下着が詰めこまれた大きな袋を抱えた囚人たちが、いっせいにランドリールームへ突進するというありさまだった。私のユニットはランドリールームからいちばん遠かったので、たとえ朝いちばんでダッシュしても、いつも二〇人以上の列ができていた。囚人たちはみんな、この新しいシステムに不満たらたらだったけど、我慢するしかなかった。

言い争いはもちろん、殴りあいのケンカもほぼ毎日のように起きた。順番待ちをしている間、オフィサーに拘束され、懲罰房に連行されていく囚人を何人見たことか。

そして私は、ときには三時間以上にもなる順番待ちの退屈さをまぎらすためと、ひとりでは心細いこともあって、いつもキャティと一緒にランドリーに行くことにしていた。


その日。

キャティが朝寝坊したので、私はひとりでランドリーへ行き、昼食時間前にようやく洗濯を済ませた。だけどキャティが、「ごめん。悪いけどつきあって」と頼むのと、ピアノクラスの時間がちょうど空いていたこともあって、午後も一緒にランドリーにならんだ。

そして、その日はキャティが売店に予約した品物を取りにいく日だったので、その間、私がキャティの洗濯物を見てあげることにした。

FCIには以前からずっと、乾燥機の使用におけるややこしい暗黙のルールがある。洗濯機は順番にならんで使う。だが乾燥機は、次に使いたい者が、今使用してる人に次の予約をとって使う方法になっていた。洗濯機と同じように単純な順番制にすればいいと思うのだが、洗濯機と乾燥機の使用時間のズレを調整したいがためにそうなっているらしかった。でも、時間調整がうまくいくどころか、それがいつもトラブルの原因になっていた。乾燥機を使っている者が、次に自分の仲間に使わせたいがために、「もう乾燥終わる？　次、予約したいんだけど？」と聞かれても、靴下一枚を延々と乾燥させながら、「まだ。あと一五分はかかる」なんてズルをやるのだ。そのズルのことは、「ｈｏｌｄする」といわれ、ホールドした、しないでいつももめるのだ。

だからもう、ふつうに順番制で乾燥機を使えばいいのに！　私は、そういうＦＣＩのバカな面が本当にイヤだった。そして、そんなバカな方法のおかげで、事件は起きたのだ。

「Ｎｏ・10の乾燥機使ってんの誰だよ！　もうとっくに乾いてんじゃないのかよ！」

スージーというひとりの若い黒人がわめきだした。それは、キャティの洗濯物だ。乾かしている量が少なかったため、ホールドしてると勘ちがいされたのだ。

「まだ乾いてないから、待っててよ。次使いたいならいって」

私はそういった。するとスージーは、「そういってホールドしてんじゃないの!?」というや、乾燥機を開き、キャティの衣類をつかんだ。衣類はまだ生乾きだった。

なのにスージーは、「こいつ、ホールドしてる！　ホールドしてやがるよ！」と周囲に向かって怒鳴りだした。私はさすがに頭にきて、ちょっとキツくいいかえした。

「だから、終わったら次はあんたが使っていいっていってるじゃん！　それのどこがホールドなんだよ！」

スージーは納得いかない表情を露骨に出しながらも、ほかの乾燥機のほうへ移動していった。

そこへ、キャティがもどってきた。

「どうしたの？　何があったの？」

かなりムカついていた私は、キャティにすぐさっきのことを話した。キャティに話すことで、ムカつきを解消したいと思ったからだ。けど、私の話を聞いたキャティは、私以上に怒りだし、スージーのほうへ向かっていってしまった。私に迷惑をかけてしまったという気持ちが強かったのかもしれない。キャティは敢然とこういいはなった。

「私はホールドなんかしてないよ！　私の洗濯物に勝手に触らないでよね！　私の友だちにも怒鳴ったりしないで！」

そのときのスージーは、一瞬唖然《あぜん》として、ぽかんと口を開けるだけだった。

だがその数分後、キャティと私が乾燥を全部終えてランドリーから帰ろうとしたとき、友だち三人と前をふさぐようにして現れ、キャティを指さしていった。

「こいつ！　このビッチだよ！　このビッチがムカつくんだよな！」

その瞬間、キャティが切れた。アレックスの下でコカインをさばいていた、あのプッシャー時代に舞いもどったかのようなキツい目つきになるや、ドスのきいた声ですごんだ。

「ビッチっていうんじゃねえ、ビッチ！　あと一回でも私のことをビッチっていってみろ、確実に殺してやるから！」

おとなしそうに見えたキャティの豹変《ひょうへん》にスージーは一瞬で黙りこみ、後ろへ下がった。私はこれ以上もめないうちに早く立ちさろうと思い、キャティにいった。

「もう行こう、キャティ」

キャティがスージーに背を向けて、私のほうを向いた。キャティの目はまだ怒っていた。

私は内心、（目がこわいよ、キャティ……）と思いながら、ふとキャティの背後を見て息をのんだ。スージーが、すぐそばにあったアルミ製のゴミ箱の丸いふたをとり、高く振りかぶっているではないか！

「あぶない！　キャティ！」

私がそう叫んだときには、すでにゴミ箱のふたはキャティの頭に叩《たた》きつけられていた。ガゴンッ！　すごくいやな音とともに、キャティの首が、がくーんと落ちた。

よろけるキャティの頭に、スージーはさらに連続でふたを叩きつける。ガッガッガッ！　血飛沫《しぶき》が飛んだ。私は足がすくんだ。声が出ない。スージーはよろよろするキャティに飛びかかり、床に押したおすや、狂ったようにふたでキャティの顔面を乱れ打った。

ガコッ、ガコッ、ガコッ、ガコッ、ガコッ、ガコッ！

「やめ……やめて……！」

情けないことに、私はそう繰りかえすだけが精いっぱいだった。

スージーはさらに、倒れたキャティの上に馬乗りになり、髪の毛をつかみ、キャティの顔を床に叩きつけた。一瞬にして周囲を取りかこんだやじ馬から、歓声があがった。どうしよう、早く止めなきゃ、早く止めなきゃ……。

何十秒たった後だろうか。

「いい加減にしとけ、ポリスが来る前にやめときな！」

ようやく誰かが、そう大きな声で言いはなってくれた。スージーがキャティから離れた。私が駆けよると同時に、キャティは自力で立ちあがった。私はキャティの顔面を見て、心臓が止まるかと思った。顔全体が腫《は》れあがり、右頬がパックリ割れ、真っ赤な血がどろどろとその周りにこびりついている。だがキャティは痛いとは一言もいわず、代わりにこういった。

「どうしよう、私、捕まりたくない」

キャティは自分の顔のケガのことより、ケンカをしたことによる懲罰を受けることを恐れ、動揺していた。私はすぐそばにあるスクールの共用トイレに隠れるようキャティにいい、急いで自分のユニットへもどった。ニット帽とマフラー、それにメイクの道具をカバンに詰めこんだ。とにかく、キャティの顔のケガを隠さなきゃならない。

部屋から出ると、おしゃべりババアのディナが、今見てきたばかりのケンカの一部始終を得意げにみんなに話していた。シャヒーダが心配顔で近づいてきていう。

「ディナが大声で言いふらしてるから、ユニット中がキャティとスージーのケンカのことを知っちゃってるよ。だいじょうぶ？」

私はディナの唇の上と下を縫いつけてやりたい思いにかられながら、必死で共用トイレに走った。トイレにはキャティのほかに、ふたりのスパニッシュのおばさんがいて、じろじろキャティを見ている。私はまずニット帽をかぶせた。おでこの腫れはどうにかそれで隠せる。いちばんの問題は右頰の縦に切り裂けた傷だ。

「ごめんね、痛いけど我慢してね。本当は治療しなきゃだけど……」

そういいながら、右頬に無理やり濃くファンデーションを塗りこむ。キャティはぎゅっと目をつぶっている。こんな傷口にファンデを塗りこむなんて、ふつうじゃ絶対に考えられないことだろう。でも、私は躊躇《ちゅうちょ》しなかったし、キャティも必死で耐えていた。傷よりも、懲罰房の方がこわいのだ。傷よりも、グッドタイムが削られ、出所が延びるほうが痛いのだ。

どう思われようと、赤く切り裂けた傷口にファンデーションを塗りこむのが、私たちFCIの囚人なのだ……。

キャティの友だちのキムが駆けつけてきた。

私は、キャティの顔をキムにむけ、急いで確認した。

「どう、キム？　キャティの傷、どうにかごまかせてる？」

「う、うん、どうにか……」

キャティはふらつきながらも、急いでユニットへもどった。

私はキムに事情を話すため、レクリエーションルームへふたりして移動した。すると、向こうからスージーが近寄ってくるではないか！

スージーは私をにらみつけながら、キムにまくしたてた。キムとは一応知りあいらしい。

「私は悪くないよ！　あの韓国人が先に絡《から》んできたんだ！　あいつに突き飛ばされたから、仕方なくゴミ箱のふたを取ってなぐったのさ！」

スージーはそれだけいうと、足早に去っていった。キムが聞いてくる。

「今、スージーがいったことは本当なの？　本当にキャティが先に絡んだの？」

「キャティが強く怒鳴りつけたのは本当だけど、別にあのとき、手で突きとばしたりとかはしてないと思う……」

「本当に？　絶対そう？　まちがいない？　もしキャティがちょっとでも手を出してたらヤバいことになるよ」

私は混乱した。私が見たかぎりでは、キャティは一方的にやられただけだ。でもそれが思いちがいだったら？

午後四時。整列点呼をしてる私たちの目の前を通り、スージーがオフィサーによって懲罰房へと連れていかれた。

夕食のとき、食堂へ行き、聞いてまわったら、キャティはオフィサーに病院に連れていかれたという。やっぱりあの顔の傷がバレたんだ！　病院から帰ったら、キャティも即、懲罰房入りかも！

私は心臓がキューッと縮むような思いがした。キャティのことも心配だったけど、私だってあのケンカの原因を作った人間だ。懲罰対象にならないとはかぎらない。せっかく、出所あと一か月まで来たのに。懲罰房入りも当然こわいけど、ここでグッドタイムが取り消されたら……。頭がぐるぐるしてきた。

私はユニットへもどり、電話ルームへ行って、そこの窓からずっと外を見ていた。そこの窓からはFCIの病院の入り口が見える。

数十分後。頭と顔に痛々しく包帯を巻いたキャティがオフィサーに連れられ、出てきた。

手錠はされていない。私は必死に窓から目で合図を送った。気づいたキャティは、となりのオフィサーにばれないように、口パクで言葉を伝えてきた。

「……ばれちゃった」

私は覚悟を決めた。

ところが結局、キャティも私も懲罰は受けずに済んだ。

キャティは一切手を出していなかったのだ。スージーはいろいろデタラメを訴えたけど、ケガの大きさもあって、キャティは被害者ということが認められた。

実はスージーは、二〇日後に満期出所なのだという。だからたとえケンカをして懲罰房行きになっても、二〇日以上ぶちこまれることはないと高をくっていたらしい。キャティもとんでもない女にすごんでしまったもんだ。

しかし、事態はそれで収まらなかった。スージーの友だち何人もが、そこら中で「キャティも同罪だ！ あいつも手を出してる。みんな、上官に証言してくれ！」とやりだしたのだ。それは何日間も続き、キャティはノイローゼになってしまった。

そしてついに、上官はキャティのグッドタイムから二〇日間を削り、キャティの出所を二〇日間遅らせる裁定を出してしまった。

私が思わずオフィサーに抗議すると、オフィサーはこういうのだった。

「スージーはあと二〇日で出所できるところを、あの事件で傷害罪で起訴されて、刑期が四か月延びた。キャティは懲罰房にも入れられず、グッドタイムが少し削られただけ。ぜんぜんゆるい裁定なんだよ」

キャティは泣きくずれた。私も泣きたかった。

出所

出所日が一日一日と近づいてくるというのに、一向に私の気持ちは晴れなかった。何よりも、あのランドリーの事件で、キャティの出所が二〇日間延長されたのがつらかった。それがなければ、キャティと私はほぼ同じ時期に出所となり、同じ時期に入国管理局――州刑務所に入れる予定だったのだ。つらいと噂《うわさ》の州刑務所を、ふたりで一緒に乗りきろうという私たちの計画は、あっけなく消えてしまった。なにより、キャティの気持ちを考えるとやりきれなくなってしまう。ドラッグプログラムによる減刑もあと少しというところでダメになってしまったのに続いて、出所まで延期されてしまうなんて。何度も何度も、あと少しというところで、延ばされてしまう刑期。まるで私が毎晩見て、うなされているいやな夢と同じじゃないか。

それがキャティの場合は現実に起きているのだ。

晴れない気分のまま出所日を待つ私に、さらにバッドニュースが舞いおりた。

ピアノクラスからもどってきた私に、ズマが暗い顔で駆けよってきてこういうのだ。

「グロリアが……グロリアが……またここへ帰ってくる」

え？　どうして？　なんで!?

「強制送還されたメキシコからアメリカへ密入国しようとして、捕まったらしい。どうしても、アメリカへ残した家族に会いたかったんだろうな」

グロリア！

せっかく七年間の刑期を終えたばっかりなのに！

思いだせば、グロリアは今の私と同じように、もうすぐ出所だというのにずっとうかない顔をしていた。それはもしかして、もう出所が決まった時点で再び違法に国境を越える覚悟を決めていたからだったのだろうか。刑務所の外の世界でも、運命は常に厳しいものなんだろうか。

私は誰にあげようか決めかねていた、ＦＣＩに残していく衣服やさまざまな日用品をズマに託すことにした。

「ズマ、お願いです。グロリアがもどってきたら、これをトモミからだといってわたしてください。できれば直接わたしたかったけれど、先に出ていくからって」

いよいよ、ここから出ていく朝が来た。

イミグレーションでは到着早々に、頭にしらみを殺すためのシャンプーをかけられるというので、ルピータが私の髪の毛にリンスをべっとりと塗って、一本の太いブレードに編んでくれた。いつもはよくしゃべるルピータが、今朝にかぎってすごく無口だ。

ルピータはあと四三年も刑期が残っている。これからも、何人もの友だちをこうして見送らなければならない。ルピータはユニットの入り口までしか見送ってくれず、とてもあっさりと去っていった。胸が痛かった。

そのぶん、ほかのみんなはとても陽気に見送ってくれた。アマリは、「イミグレーションなんて、どうってことないからね！　すぐだよ、すぐ！」と元気づけてくれた。ズマ、シャヒーダ、ジェニー、トリッサ。同じユニットの友だち。ソト、ミレイヤ、ケミー。売店の仲間たち。

ピアノクラスや日本語クラスの生徒たちも、何人か見送りに来てくれた。

「ありがとうね。私はいい生徒じゃなかったけど、あなたはとてもいい先生だったわ」

ミス・グレーはそういってくれた。人にものを教えるなんて、まさか自分がするとは思ってもみなかった。教えられたのは私のほうだ。それも、どんな学校や会社でも決して教えてくれないことを。

ＦＣＩオフィスでの手続きはあっさりと終わった。

出ていく者はさっさと出ていってくれという感じだった。オフィスの清掃係をしているベルタが、こっそり近づいてきて耳打ちしてくれた。

「キャティにたのまれたわ。〝Ｉ　ｌｏｖｅ　ｙｏｕ〟って伝えてくれって」

私も、ベルタにことづけを頼んだ。

「キャティ、私も同じ気持ちだよ。またどこかで、絶対に会おうね！」

ベルタが私のそばから離れたのと同時くらいに、オフィサーが近づいてきて、私の両手首に手錠をかけた。

人生三度目の冷たい感触。

そう、初めて手錠をかけられたのは、ニューヨークの自分の部屋だった。

あのときはまさか、あれから自分が有罪になって、刑務所に送られることになるなんて、想像もしていなかった。

二度目の手錠は、このＦＣＩに入所した日だった。

あの日も、これから二年近くも刑務所で生きていかなければならないという実感がどうしてもわかなかった。

そして、今。

今もまた、こうして手錠をかけられながら、このFCIを出所していくことに、特別な感慨はわかなかった。だけど、実感はあった。このFCIを生きた実感。

いきなり入れられた、懲罰房での絶望。

キャティとの、塀のなかでの再会。

グロリアやルピータを始めとする、囚人仲間たち。

ちょっと好きだった、ベラスコ。

そして、日本語クラスにピアノクラス。

二一か月間。本当に長かった。あっという間だったとか、気がつけば時が過ぎていたなんてことは、口が裂けてもいえないよ。

それに、まだ自由の身になれたわけでもない。実際に手錠をかけられて、今から入国管理局／州刑務所へ移送されるわけだし。

オフィスの窓から、私が乗る灰色のバンが見えた。

私は、そのバンに向かって歩きだした。

第四章

州刑務所、そして、さよならアメリカ

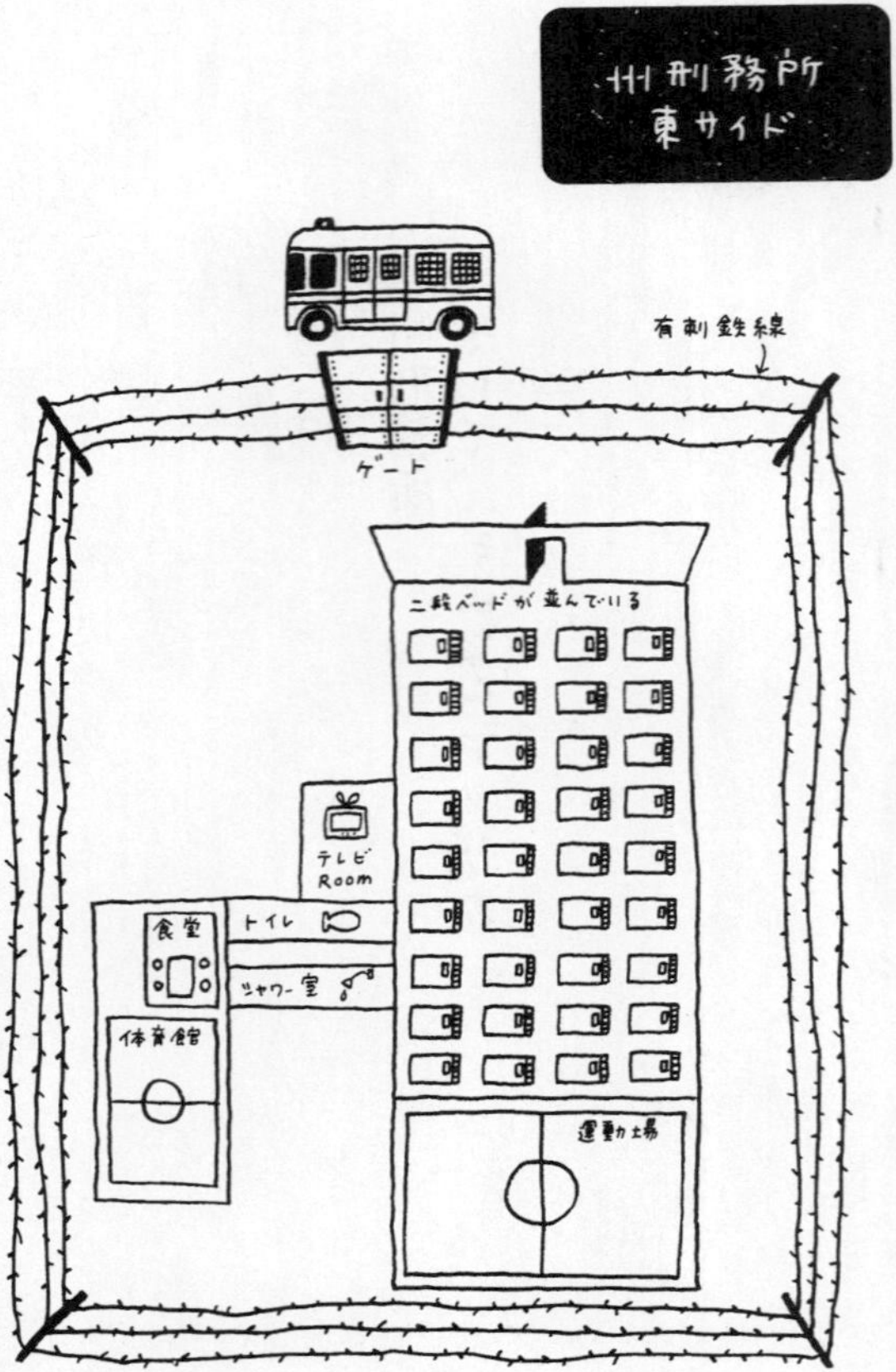

州刑務所
東サイド
有刺鉄線
ゲート
二段ベッドが並んでいる
テレビ
Room
食堂
トイレ
シャワー室
体育館
運動場

州刑務所へ

私を乗せたバンが、でこぼこ道を州の入国管理事務所へ向け走ってゆく。

鉄格子《てつごうし》つきの窓から、ケンタッキー・フライド・チキンの看板が見えた。

外だ。外の世界だ！

ケンタの看板が、まるで輝いて見える。ＦＣＩでは、オフィサーが手にもっているマクドナルドの紙袋やダンキンドーナツの箱を見ただけで、うらやましく思ったほどだった。ファーストフードは、なぜか私のなかでは外の世界の象徴になっていたのだ。

外の世界が目にふれただけでこんなに興奮してしまうんなら、本当に外に出られたときはどうなってしまうだろう？　ほんと、おかしくなっちゃうかもしれない。やばい！

事務所内へ入ると偶然、FCIで同じユニットだったカブレラ姉妹の妹がいた。知った人に会えたのがうれしくて、思わず抱きあってしまう。

中南米のホンジュラス出身のカブレラ姉妹は、アメリカ密入国シンジケートの違法な仕事に関わって逮捕され、FCIに五年間入っていた。

彼女たち、姉妹どちらも体重が一二〇キロほどもあるオデブちゃんで、まるで双子かと思うほどそっくりで、すごく愛嬌《あいきょう》のあるキョトンとした感じで、とてもかわいいのだ。

けど、あれだけまん丸だったカブレラ妹が、かなり痩《や》せてしまっていた。

聞けば、三週間で三〇キロも痩せたという。えーっ、あの陽気なカブレラ妹がそんな激ヤセするほど、やっぱり州刑務所ってキツいんだ？　それに彼女は、逮捕も入所も出所もすべて姉妹一緒だったはずなのに、お姉さんはどこに行ったんだろう。

「あのね、お姉ちゃんはね、アメリカ市民権がないから、すぐホンジュラスへ強制送還になったのね。でね、私も、『こんな国にはもういたくないから、強制送還にして』っていったのね。でも私は市民権もってるから、簡単に送還できないんだって。だから、その手続き裁判が終わるまでは、私、州刑務所から出られないの」

そんなカブレラ妹の話を聞いて、私の気持ちはさらに暗くなった。

本当に強制送還ってややこしいんだな。私たち外国人は、出所後に本国へ強制送還されるにしても、一応、裁判を行い、それに同意する手順を踏まなければならないのだ。

事務所で四時間くらい待たされ、それから町の留置所へ移動させられた。せまい二畳ほどの部屋に木製のベッドと便器。そこへ、八人一緒に押しこめられた。二畳に八人、座るのもやっとだ。四時間ほども放置され、ようやくそこから出されたと思ったら、手錠に足かせまでつけられた。足かせをつけられたのは初めてだった。ここまで来ても、まだまだ生まれて初めてのことを体験させられるのかと思うとうんざりした。

手と足を拘束されたまま、よちよち歩きで留置所を出ると、外には州刑務所へ向かう大型バスが停まっていた。

コネティカット州にはイミグレーション（入国管理局）専用の拘置所がない。だから、私のような強制送還される外国人も、刑に服する囚人や、裁判中の被告も、すべて一緒くたに刑務所に収容されるシステムになっていた。

大型バスに乗りこむ。バスの座席はこれから州刑務所へ入る者たちでほぼ埋まっている。

私は、何か異様な雰囲気を感じた。ＦＣＩに二年近くいた私だ。いろんな種類の人間、悪いのもヤバいのもこわいのも、それなりに見慣れているつもりだった。けど、このバスにいる囚人や被告たちはどこかちがう。

全員が乗り、バスのドアが閉められたとたん、私の違和感はピークに達した。

全員がほぼいっせいにしゃべりだしたのだ。それは、いっせいに吠《ほ》えはじめたと形容したほうが正しいかもしれない。ものすごい声、声、声、声。とにかくうるさい。容赦なく騒ぐ。

あのＦＣＩ初日、懲罰房へ押しこめられてしまったときの感じ。いや、それよりひどい。

なぜなら、ＦＣＩでは、懲罰房入りした者ですら、オフィサーに面と向かって逆らうことはしなかった。たとえ表向きだけでも、敬意を払っていた。だが、このバスのなかはちがう。オフィサーのことなんか、ほぼ誰も気にしていない。「カーラジオつけてくれよ！」。誰かが怒鳴る。オフィサーが無視すると、数人が口々にそのことを遠慮なくののしりはじめ、それはバスが州刑務所に着く約一時間後まで、断続的に続いた。うんざりした。

州刑務所は、本当にものすごーーく大きかった。FCIを最初に見たときもそのデカさには驚いたけれど、それとはくらべものにならないほど巨大だった。刑務所敷地の門をくぐってからも、バスは何棟もの建物を通りこして走りつづける。到着した西側部分のハイセキュリティ・エリアだけでも相当な大きさだ。州刑務所の敷地すべてだと、それこそ日本の区や町だったらすっぽり入ってしまうくらい広いと思う。結局、アメリカにはそれだけ囚人が多いということなんだろう。

入所手続きに入る。写真を撮られ、いくつか質問される。目立つ傷はあるか？（これは、入所後、ケンカをしたかどうかを見わけるためだろう）、タトゥー（入れ墨）は入っているか？「入っていません」と答え、とても驚かれる。おばさんのオフィサーは、ここへ来る者でタトゥーなしの子がいるなんて……という顔をしている。

次の質問、どこかのギャング組織に属しているか？　は私が答える前に、「Ｎｏでしょ」といわれた。

すべての手続きと簡単な身体検査が終わり、「メディカルユニット」へと収容された。

このユニットの部屋は四人部屋で、シャワーとトイレも部屋のなかにある。

体と精神の検査とその診断が終わるまでは、この部屋から出られない。検査などで外に出る以外は、それぞれ三〇分の食事とレクリエーションの時間以外、ずっとこの部屋に閉じこめられるわけだ。

翌日、健康診断などの後、州刑務所のオリエンテーションがあった。

部屋の雰囲気は、昨日のバス車内と変わりがない。ほとんどの人が常連というか、刑務所慣れしているみたいで、オフィサーの説明など誰も聞いていない。

でも、州刑務所初心者の私には驚く話が多かった。

「ギャングのメンバーの人は、そのギャングを抜けるという誓約書にサインをしなさい。さもなければ、収容期間中、ずっと独房に入ってもらいます。わかってますか？　ずっと独房ですよ！　それに、ギャングに入っていないと嘘《うそ》をついても無駄です。私たちは、あなたたちのうち誰がギャングメンバーなのかよく知っていますから」

ここまでオフィサーがいうからには、やっぱり囚人に相当ギャングが多いんだろう。ただ、話を聞いている囚人たちの態度を見ると、暗に「そんなもん、いくらでも嘘つけるよ」という感じだった。

そして、ギャングの話以上に驚いたのは、ＨＩＶについての話だった。

「この州刑務所にはＨＩＶポジティブの囚人が数多くいます。みなさんにも、これからさらに血液検査があります。陽性反応が出た人には病院から必要な薬を処方しますから、必ず決められた時間に毎日病院へ行くようにしてください」

となりにいたかわいらしい黒人の女の子がぶっきらぼうにいう。

「知ってるよ、刑務所んなか、ＡＩＤＳだらけだよ。本当にむちゃくちゃ多いって」

オフィサーがたしなめる。

「ＨＩＶポジティブとＡＩＤＳ患者はちがいますよ。けれども、ＨＩＶポジティブの人が適切な治療を怠った場合、ＡＩＤＳ発症率は高まります。本当に注意してください」

オフィサーの話し方は淡々としていて、すでにこの部屋の二〇人ほどのなかに何人もＨＩＶポジティブの人がいますから、といっているようだった。実際そうなのだろう。

私は正直、かなりビビッてしまった。そう簡単には感染しないことは知っているけれど、刑務所のなかでは何が起こるかわからない。ゴミ箱の蓋《ふた》で何回も叩《たた》かれ、血だらけにされたキャティの顔が頭に浮かぶ。

実際に、今私がいるメディカルユニット同房者のひとりもＨＩＶポジティブだった。

そして、州刑務所の一般房に移ってからも、毎日、病院へ薬を服用しに行く囚人たちの長い行列ができていた。それは「ピルライン」と呼ばれていて、その多くはＨＩＶポジティブの人らしかった。そのピルラインを見たときは、行列のあまりの長さにショックを受けると同時に、ＡＩＤＳで倒れたシュボーンのことを思いだした。

シュボーン、まだ元気かな。まだ生きているかな。がんばれ……。

オリエンテーションが終わり、血液検査を受けに移動するとき、突然に点呼が始まった。

州刑務所では一日何度も点呼するという。ＦＣＩは実質の点呼は一日一回、午後四時のだけで、緊急点呼は濃霧のときのみだったのに。思いきってオフィサーに質問してみる。

「なぜ、こんなに点呼ばかりするんですか？」

「みんな、平気で逃げやがるからさ」

あっさりそう答えるオフィサー。私は本当に気が重くなってきた。

（みんないってたけど、やっぱり、州刑務所ってかなりヤバイよ。ＦＣＩって、本当にマシなところだったんだなぁ。でも、いつまでここにいなきゃなんないんだろう）

私のような強制送還者は、出国の裁判と手続きが終わり次第、ここを出て本国へ送還されるのだが、それが何週間後になるかは正確に決まっていない。一週間後か、一か月後なのか、それ以上か。すべてはイミグレーションの手続きの進行次第なのだ。だいたい三週間くらいだろうというのが、ＦＣＩで私が聞いていた話だった。けど、だいたいってのはキツい。出所は当日にならないと知らされないから、毎日毎日、「明日は出れるかも……」と思って過ごさなければならないと思うと、あらためてゾッとしてしまった。

四人部屋

メディカルユニットで同室になった三人は、みんな若い子ばかりで、かなりいいキャラの持ち主たちだった。

イタリア系のジョアンは重度のアルコール&ドラッグ依存症。どうやらHIVポジティブでもあるらしく、毎日大量の薬を服用している。

「州刑務所？ 何回も入ってるよ。私、外にいるときは酒で酔っぱらってるか、ドラッグでキマってるか、もしくはその両方かだから。ほとんどご飯食べないんだよねー。だから、刑務所に入るたびに太っちゃうんだよなぁ」

そういいながら、朝から朝食のドーナツを軽く五個もたいらげる。ほんの数日間でみるみる太っていくのがわかった。州刑務所常連の彼女は、タンポンの箱でトランプを作った。

「メディカルユニットに入れられてる間、暇だからねー。トランプくらいしかすることないんだよー」

メリッサは白人で、ＡＤＨＤ（注意欠陥多動性障害）だった。

薬を飲まないと、一日中体を動かすことやおしゃべりが止まらなくなる。

しかし、州刑務所では命に関わる病気でなければ、薬の服用は許されなかった。

だから彼女は一日中部屋のなかでしゃべりつづけ、踊りつづけ、動きが止まることがない。

メリッサが延々としゃべりつづけたなかでいちばんすごかったのは、逮捕されたときの話だ。

メリッサには、つきあって数週間の年下の二〇歳そこそこのボーイフレンドがいた。

ある日、一緒に車に乗って、近所の雑貨屋へ行った。メリッサが煙草《たばこ》を買い、小銭をレジの女性にわたした瞬間、いきなりボーイフレンドが叫んだ。

「Ｐｕｔ ｙｏｕｒ ｈａｎｄｓ ｕｐ！」（手をあげろ！）

メリッサが驚いてボーイフレンドを見ると、彼は両手ににぎりしめた拳銃《けんじゅう》を女性に突きつけているではないか！　もちろん、メリッサは強盗するなんて聞いてもいない。

茫然《ぼうぜん》として突ったっていると、彼は叫んだ。

「なにしてんだメリッサ！　早くレジから金を盗《と》れ！　早く！」

メリッサはいわれるがままに、レジから金をわしづかみにして、袋に詰めこんだ。

レジ係の女性も震えていたけれど、自分の足もガクガクきていたという。

「それからのことは、なんかよく覚えてないんだよねー。そのまま車に乗って、ふつうに家に帰ったはずだよ」

二日後、警察が来た。逮捕され、雑貨店の防犯カメラのビデオを見せられた。そこにはメリッサとボーイフレンドの顔がばっちり映しだされていた。

「あたりまえだよねー。彼も私も、まったく顔隠してないんだもん。つーか、店を襲うなんて、その一秒前までまったく聞かされてないっつーの！」

私たちは思わず大爆笑してしまった。メリッサも笑い転げている。しかし、本当は笑ってる場合じゃない。メリッサの罪状は第一級強盗罪、かなりの重罪なのだ。

三人目のターシャは、身長一七〇センチのモデルなみのブラック・ビューティーだ。ドラッグの売買に手を染めたのは、一三歳のときだったという。

「始めたきっかけはね、NIKEのスニーカーが欲しかった、それだけ。だって、親は買ってくれないんだもん」

最初は、ストリートに立ち、ただいわれるがままにコカインやクラックをさばいていた。

そのうち、ドラッグ・ディール（取引き）の方法を会得《えとく》していき、一六歳になるころには、何人もの部下をもつ、地元でも名の知れたドラッグ・ディーラーにのしあがっていた。

「NIKEのニューモデルを全部そろえても、おつりがたんまりきたわ。妹のハイスクールの学費も、私の大学の入学金も、みんなドラッグ・マネーで払ってやったよ」

ターシャの懲役は三年四か月。ドラッグ・ディーラーにしてはまだ軽いほうだ。

「ドラッグ絡《がら》みだけど、ディールの現場を押さえられたわけじゃないから」

彼女が逮捕されたいきさつはこうだ。

ある日、ターシャの自宅に近所の悪ガキ連中が泥棒に入った。そのとき家にいたのは、彼女のギャングスタの彼氏ひとりだった。

忍びこんできた物音に気づいた彼は、悪ガキたちに向かって拳銃をぶっぱなした。

そして数分間の銃撃戦のあと、彼は悪ガキのひとりを捕まえ、警察を呼んだ。結局、悪ガキたちは全員捕まった。しかし、逆恨みした悪ガキたちは警察でこう証言した。

「あの家で大量のコカインを見ました」

悪ガキたちは、ターシャがドラッグ・ディーラーであることを知っていたのだ。

だが、ターシャはわりと平然としていた。

「今は州刑務所だけど、私のケースならすぐ連邦刑務所へ移送になるからね。入るなら、FCI。これ、ドラッグ・ディーラーの常識」

しかも、後から聞いたことだけど、ターシャのことを警察にチクッた悪ガキ一味のなかの女の子も、この州刑務所にいるらしかった。

ターシャは落とし前をつけたのかどうか？　私はそこまではわからない。

最初のうちは耐えられたけど、朝から晩まで狭い部屋に何日も押しこめられっぱなしでは、さすがにうんざりしてくる。

しかも、メリッサはADHDのためにずーーーっとしゃべりっぱなしだし。

もめはじめたのはターシャとジョアンだった。ターシャが私たちに耳打ちする。

「ねえ、ジョアンってくさくない？　あいつ、ここに来てからまだ一度もシャワー浴びてないし、服も下着も着替えてない」

そういわれれば、部屋中に異臭が充満していた。あきらかにジョアンから臭《にお》ってきている。

そのうえ、ジョアンはやたらと私たちにお説教のようなことをいうようになった。

ドラッグ売ってる奴《やつ》らは最低だとか、どうとか。

自然、ジョアンひとりが浮いた感じになり、部屋の雰囲気は険悪になっていく。

私は内心、気が気ではなかった。こんな閉鎖された空間のなかでケンカにでもなったらどうしよう。そう思うと部屋にいる一分一秒がストレスに感じられた。

あげく、とうとう私は高熱を出してしまった。ＦＣＩにいる間、いちばん気をつけていたことは病気にならないことだった。刑務所で体調を崩すことは、大袈裟《おおげさ》じゃなく命取りだからだ。だけど私が入っているここは、一応、メディカルユニット。医療房だ。どうにか対処してくれるんじゃないか。

私は何度もオフィサーを呼ぶブザーを押した。やっとのことで来てくれたオフィサーは、事務的にこういうのみだった。

「リクエスト用紙に用件を書いて。明日になったら病院へ行けるから」

翌日、私のリクエストはあっさり無視された。解熱剤《げねつざい》すらもらえない。熱にうなされながら、ひたすらベッドで横になる。何人かのオフィサーに訴えても、「おかしいね。まぁ、待つしかないね」と適当にあしらわれるだけだった。

私は期待することをやめた。ＦＣＩの二一か月間で学んだことは、刑務所では何事も期待するな、ということだ。期待するな。薬を処方してほしいとか、病院へ連れていってほしいとか、期待すればするだけつらくなる。私たちは囚《とら》われの身なのだ。運命は自分の手のなかにはない。

けど、さらにつらい事態が起こってしまう。私の高熱が原因でケンカが起きてしまったのだ。私が熱を出し、動けなくなってから三日目の朝、ジョアンがカウンセリングを受けるために出ていった。そのとき、ターシャがジョアンにこうことづけてくれた。

「トモミがすごい熱で倒れているのに、病院にも行けてないし、薬ももらえない。このことをカウンセラーに伝えて。お願い」

しかし、約二時間後、ユニットへもどってきたジョアンはこういった。

「あ、ごめん、トモミのこと、カウンセラーにいうの忘れてた」

ついにターシャがキレた。ジョアンに罵声《ばせい》を浴びせる。一瞬うろたえたジョアンだったが、次の瞬間、ターシャにつかみかかっていた。床の上でもみあうふたり。

メリッサはぎゃあぎゃあわめきながら、部屋中を走りまわる。

私はベッドの上で熱にうかされながら、「やめて！　やめて！」と叫ぶしかなかった。

五人のオフィサーがいっせいに駆けつけてきて、ターシャとジョアンを一瞬で制圧するや、そのまま懲罰房へ連行していった。ふたりの泣きわめく声が廊下に響きわたる。

私もいつの間にか、ぼろぼろと涙をこぼしていた。

部屋に残されたのは、私とメリッサだけ。でも、メリッサはこんなときなのに部屋中を動きまわり、延々とおしゃべりをやめない。

ADHDだから仕方がないのだけれど、もう私は本当にいやになってきた。

もう、このメディカルユニットに閉じこめられて一週間になる。早ければ二日で出られるはずなのに、いつになれば一般房へ移してくれるんだろうか。なぜメディカルユニットなのに、薬ひとつ飲ませてくれないんだろうか。連行されたターシャとジョアンはどうなっちゃうんだろうか。私は自分に必死でいいきかせた。

期待するな。期待するな。期待するな。

私は囚人で、ここはまだ、刑務所なんだ。

入国管理局裁判所

翌朝、入国管理局の裁判所から呼びだしがあった。

私は高熱のまま、ふらふらとバスに乗り、裁判所の待合室では座っていることすらつらくて、床に突っぷしていた。ほかの囚人たちは私のことを、「こいつ、ドラッグ中毒の禁断症状だな」と思っているようだったけど、つらくて、もうどうでもよかった。

入国管理局裁判所の空気はいやになるほど重い。ふつう、裁判所や刑務所の雰囲気は暗いものだけれど、今まで経験したどこよりも、ここは重苦しく感じる。ここにいる多くの囚人、被告、不法滞在者たちが抱える問題の深さが、その重苦しさの元だと私は思った。

ハイチと呼ばれている女の子がいた。南米のハイチ出身だかららしい。

少しだけ体調がもどり、椅子《いす》にすわった私にハイチは話しかけてきた。彼女は、入国管理局に強制送還の取り消しを訴え、争っているひとりだった。

ハイチは一歳のときに母親に連れられ、ニューヨークのブルックリンにやってきた。二一歳の今まで、ほとんどニューヨーク州から出たことがない。当然、英語しか話せない。何の罪かはいわなかったけど、懲役は一年にも満たないくらいだという。初犯だった。

「なのにアメリカは、私にこの国から出ていけというの。たった一度のやり直しのチャンスすらくれないの……」

ハイチは裁判で、こう訴えた。私はハイチの言葉であるスペイン語もフランス語もまったく話せない。愛する彼も、愛する家族も、みんなこの国にいる。一生保護観察でもいい、あと何年か刑務所に入れというなら入る。だからアメリカにいさせてほしい。強制送還しないでほしい。お願い……。

彼女の母はなけなしの貯金をはたき、借金までして、「なんとか娘がアメリカに残れるように」と、私設弁護士を雇った。そして、その裁判の最終弁論が今日だった。

なのに、なんと雇った弁護士は現れなかった。ハイチは泣きじゃくっている。待合室のみんなは無責任になぐさめる。私は何もいえなかった。私は日本人で、母や友だちの待つ日本に帰ることができる。急に、アレックスのことが頭をよぎった。

彼もたぶん、アメリカで一〇年以上は収監された後、ロシアへ強制送還だろう。

「俺は政府も国家も信じない」

そういいきってた彼。けれど、こうもいってた。

「逮捕されるのは覚悟してるけど、ロシアへ強制送還されるのだけは勘弁だな」

グロリアのことも思いだされた。七年間FCIで過ごし、メキシコへ強制送還になって、一年も待たずに密入国を図って逮捕されてしまったグロリア。

キャティだって、アメリカ市民権が取れないとわかったときの落ちこみようはものすごかった。

そんなに、アメリカがいいのだろうか？

そんなに、こんな、アメリカがいいのかな？

私は、どうなんだろう……。

分類ユニット

高熱を出して四日目になって、ようやく病院へ行くことができた。

私はふらつく足で、病院の待合室にたどりついた。三人の囚人が私の前にならんでいる。またここで長く待たされるんだろう。でもいい。今まで何日も待たされたことを思えば。

二時間が過ぎようとしていた。私の前にはまだひとりいる。そのとき、オフィサーが私を呼びにきた。

「ここにいたのか。移動だ。今すぐ荷物をまとめて、ユニット3へ移りなさい」

やった！　やっとメディカルユニットから出られる！

私は急いでもどり、移動の準備をした。解熱剤はほしかったけど、あそこであと数十分待つことで移動が取りけされたりすることのほうがこわかった。ユニット3へ移れれば、とりあえず一歩前進だ。

ユニット3は分類ユニットで、このユニットで分類され、それから、正式に所属するユニットが決まるらしい。刑の軽い囚人や、強制送還者は東側のローセキュリティ・ユニット。精神に問題のある囚人はメンタル・ユニット。あと、重刑の囚人は何段階かに分けられる。管理の厳しいハイセキュリティのユニットもある。

今から入る分類ユニットは、一時的にそれらの囚人がすべて一緒に収容されるのだ。部屋はふたり部屋。どんな人がルームメイトだろう。強盗殺人犯かもしれないし、精神病を患《わずら》う人かもしれない。いい人ならいいな。でも、期待するな、だ。

分類ユニットでルームメイトになったグゥエンは今回で五度目の刑務所入りらしいけど、前回も保釈されているので、そんなに重い罪ではないようだ。

「今回は保釈が通らなかったんだ。五回目だったらやっぱり無理なの？」

そう聞くと、無理じゃない、ただ保釈金六〇〇ドルが払えないだけ、という。六〇〇ドル。日本円にして七万円ちょっと。私ならさっさと払う。どんなことをしてでもかき集める。けどグゥエンは、どうしてもかき集められなかったのだろう。たかが数百ドルの保釈金が払えなくて刑務所に入る人間は、この国ではふつうにいるようだった。

私より少し年上なだけのグゥエンは、基本的には嫌な人ではなかった。

けれど、彼女はメディカルユニットのメリッサと同じ、ＡＤＨＤで、そして同じように、ここでは薬を処方してもらえないから、おしゃべりやうろうろ歩きがやめられない。

「彼が保釈金の六〇〇ドル払ってくれたらすぐ出られるんだけど！　でも逮捕される前、彼の友だちとイチャついてるとこ見られちゃったんだ！　タイミング悪い！　彼、ヘルズ・エンジェルスなの！　知ってるでしょ、あの有名なバイク集団！　あれ！　バイク、ブンブンブンブ〜ンって！　六〇〇ドル六〇〇ドル六〇〇ドル！　あー早く保釈保釈保釈！」

　グゥエンは、そんなことを延々と話しつづけた。

一日目は必死で彼女のおしゃべりにつきあった。私はまだ熱があった。結局、病院には行けなかったからだ。けど二日目も、グゥエンのマシンガントークは止まらない。

「保釈保釈保釈保釈！　六〇〇ドル六〇〇ドル！　早く早く早く！　保釈保釈保釈！」

　何度か頼んでみた。私は熱があるの。病院にも行けていない。少しでいいから、静かにしてくれませんか。お願い。

　しかし、グゥエンのマシンガントークの勢いは増すばかり。私は一切返事するのをやめたが、ずーっと大声で話しかけてくる。熱は下がらない。頭痛もどんどんひどくなる。

「うるさい！　いい加減黙ってよ！」

気がついたら、私は怒鳴っていた。あまりの大声に、自分自身びっくりしたくらいだ。

FCIから今まで、こんな怒鳴り声を張りあげたのは初めてだった。

さすがのグゥエンも、ずっとおとなしかった日本人の小娘の私がキレたので、かなり驚き、一瞬黙りこんだ。けど少しすると、苦しまぎれにこういいはなった。

「ここは自由の国アメリカよ！　だから私は自由よ！　好きなときに好きなだけ話すわ！」

私はもうあきらめることにした。グゥエンに期待した私が悪かった。それに、グゥエンはADHDなわけだし。けれどそのとき以来、グゥエンはあまりしゃべらなくなった。

気まずい雰囲気が部屋を支配したけれど、眠れるだけありがたかった。

グゥエンと相部屋になって三日が過ぎたけれど、まだ私は病院に行けていなかった。考えれば、グゥエンも、薬を処方されないまま放置されているわけだ。

私だからまだいいものの、これがケンカっ早い囚人なら、確実に血を見る騒ぎになっているだろう。でも死なないかぎりはほったらかし。なぜなら私たちは囚人だから。

そして私は、自由時間の多い分類ユニットに移ってきたにもかかわらず、ベッドから起きて、食事したり、運動したり、レクリエーションルームでTVを観《み》たりは一切しなかった。

熱が全然下がらないということもあったけど、正直、ここに来て気力が切れた。

もう、何もかもがうんざりだった。刑務所にうんざり。アメリカにうんざり。こんなところに入れられてしまった自分自身に対して、うんざり。もう、本当にうんざりだ！

気づいたら私の顔は、ストレス性の吹き出もので真っ赤になっていた。

まるで顔に紅《あか》いフジツボがびっしり付着しているみたい。

最低最悪の気分。頭痛だけじゃない。胃がギリリリとねじ切られるように痛い。

そして、肉体だけじゃなく、心まで悲鳴をあげるような出来事が起きはじめた。

私がまったく部屋から出ず、引きこもっているのに気づいたほかの囚人たちが、私を暇つぶしの対象にして、ちょっかいを出しはじめたのだ。ガンガン、部屋のドアを蹴《け》りつづけたり、

「ダラー、ダラー、チェンジ・ダラー！　両替、安いよ〜！」

と、中国人の両替商のモノマネをしてからかうのだ。ＦＣＩの初日の懲罰房と同じだ。

私はとてもムカついた。ＦＣＩでは、初日の懲罰房でこそあったけど、その後、日本人ということで、あからさまに蔑視《べっし》されるようなことはなかった。だけどアメリカでは、中国人に対してとなると、バカにした態度をとる人はかなり多い。

ニューヨーク時代はそんなことあまり考えていなかったけど、アメリカに暮らす中国人は、常にこんな嘲《あざけ》りや中傷にさらされていたんだと思うと、本当に暗い気持ちになる。

人種差別も、民族差別も、全部最低だ。

やられた者の立場にならないと、本当の痛みはわからない。

私の体と心は痛みだらけで、もう泣くことすらままならなかった。

四日目の土曜日。病院に行くことはもうあきらめた。ずっと寝ていたこともあって熱も少しは下がった。けど週末から日曜はユニット移動もないので、最低でもあと二日間は、この分類ユニットのグゥエンとの相部屋から出ることはできない。

けどその日の夕方、突然良い知らせが舞いこんだ。グゥエンのヘルズ・エンジェルスの彼氏が保釈金六〇〇ドルを払ってくれたのだ。これでグゥエンはここから出られる！

私は思わずグゥエンと抱きあって喜んだ。私が怒鳴って以来、グゥエンとはずっと冷戦状態になっていた。けれど同じ囚人として、仲間の釈放がうれしくないわけがない。

そういう意味では、私もこの二年近くで、自分でも気づかないうちに囚人スピリッツが染《し》みこんでいたのかもしれない。

彼女は今までで最高速のマシンガントークでしゃべりつづけながら荷物をまとめ、笑顔で手をふりながら釈放されていった。

気づいてみれば、部屋に私はひとりとなった。

ひとりっきりになるのは、ＦＣＩの初日三日間、懲罰房に押しこめられて以来だ。

でもあのときは刑務所に入れられたばっかり。ひとりが異様に心細かった。

今はちがう。ひとりがうれしい。ひとりっきりって、こんなにいいものだったんだ。

一時間に一度、オフィサーが見まわりにくるけれど、それもドアの小窓からチラッとなかを見るだけ。今さらまるで気にならない。

これまで刑務所にいて、時間のたつのが遅いのが何より苦痛だった。時間よ早く過ぎろ、早く過ぎろ、そう祈りつづけてきた。でも今だけはちがう。どうせあさっての月曜日になれば、また新しいルームメイトが入ってくる。それまでの間、ひとりを満喫してやる。

翌日の日曜日。孤独を楽しみながら物思いにふけろうと思って、いろいろたわいもないことを頭のなかで想像してみる。

でも、今こうして考えてみると、浮かんでくるのは母の顔だった。

私が過ごしてきた、これまでの刑務所暮らし。日本へ帰ってからも、お母さんにはやっぱりいうことができないだろうなぁとあらためて思った。

娘がこんな目に遭ってるということが、なんか申し訳なかった。

悪いことばかりだったわけじゃない。ひどいことばかりだったわけでもない。

でも、なんか、申し訳ないと思ってしまうのだった。

この部屋のなかには、囚人たちが爪《つめ》やフォークなんかで書き残した、多くの落書きがある。Ｓｏｒｒｙ Ｍａｍａ！ そんな言葉が乱暴に引っかかれてあった。

ごめんなさい、お母さん。

お母さん、ごめんなさい。

私は壁をこれ以上汚す代わりに、天井に向かって、そうつぶやいてみた。


月曜日の朝。

このユニットに来て初めて朝食を食べにいく。黒人の女の子が、「これ、食べな」といって、マルちゃんラーメンの粉末スープをくれた。

それをグリッツに入れて、中華粥《ちゅうかがゆ》風にして食べた。すごくおいしかった。あのまずくてまずくて仕方なかったグリッツが、ごちそうのように思えた。

食事が終わったあと、私はもう一度、あの黒人の女の子にお礼をいった。

「スープ、本当にありがとう。おいしかったよ」

「そうかい、よかった。あんまり部屋にこもってばかりいずに、たまには外に出たほうがいいぜ」

見た目男っぽい、スタッドな彼女は、さらりとこう返してくれた。年齢は彼女のほうがずっと若いけれど、私は思わずルピータを思いだしてしまった。ルピータ、どうしてるかなぁ。

部屋へもどるとオフィサーが来て、「今日から君は、東側のローセキュリティ・ユニットだ。移動しなさい」という。

ふうーっ。やっと、ましなところへ行ける。簡単に荷物をまとめてベッドに腰かけていると、何人かの囚人たちが話しかけてきた。私が日本人で、連邦刑務所に二一か月いて、それからここに来たというと、みんな驚いていた。

「刑務所で日本人なんて初めて見たよ」

「あんたみたいなガールがねえ。信じられないよ」

話してみると、この分類ユニットの囚人たちも、FCIと同じく気のよい人たちだった。壁を作っていたのは私のほうかもしれない。

(この州刑務所にいるのはほんの少しだ。無理して仲よくすることないや。それに、殺人犯とかもいっぱいいて、なんかこわそうだし……)

と勝手に決めつけていたのだ。

ローセキュリティ・ユニットへ移るまでの午前中、ずっと彼女たちと話していた。強盗犯や殺人犯、タトゥーがいっぱい入ったギャングスタの人もいたけれど、引きこもってた数日間を取りもどすように、いろんなことをおしゃべりした。

彼女たちは私のことを、小さい子という意味の「チニータ」と呼んで、かわいがってくれた。

人と打ちとけるって案外簡単なんだな。自分から心を開けばいいだけなんだ。

そんな単純なことを、ここに来てまたしても思い知らされた私だった。

ミリアンの勝利

広大な州刑務所だけあって、東側へ行くには二〇分間ものバス移動が必要だった。

そのバスのなかで、早速知りあいができた。ミリアンというコロンビア人のおばさんがにこやかに話しかけてきてくれたのだ。

「あなた、FCIから来たの？　私も三年前にあそこから移ってきたの。ここのことは何でも知ってるから、わからないことがあったらいってね」

そういわれた私は、しかし、今から行く州刑務所のローセキュリティ・ユニットのことよりも、彼女が三年間もここにいるということのほうが気になってしまった。彼女がコロンビア人で元FCIということは、すでに刑期を終え、強制送還されるためにここに来たはずだ。なのに、なぜ三年間もここにいるのだろう？　まさか、送還の順番待ちに何年もかかったりするの!?

「ちがうわよ、安心して。私はアメリカに残りたくて裁判をやったの。その裁判期間中は保釈が適用されないから、ずっとここにいるわけ」

ミリアンのFCIでの刑期は、驚くことにたった三か月だった。

しかし、懲役何か月だろうが、一度でも連邦刑務所に入れられた外国人は、強制送還の対象から逃れることはできない。ならばと彼女はふりだしにもどり、そもそもの懲役三か月の罪に関して再審請求し、なんと逆転無罪を勝ちとったという。たぶん、もともとがすごくいい加減な逮捕であり、起訴だったのだろう。

「けど、入国管理局絡《がら》みの手続きがなかなか終わらなくて、年内に出るのは無理みたい。クリスマスを家族と過ごせたら最高だったんだけどね。でも私はこの国に残れるんだから、これ以上ぜいたくいっちゃだめね、ハハハ」

ミリアンは、本当にとてもやさしい女性だった。これだけのやさしさがあるから、信念を貫き、がんばって勝てたんだと思わせてくれるような人だった。

ＦＣＩの法律図書館に通う人たちや、裁判所のハイチなど、闘っている囚人たちは多くいる。けれど、そのなかで勝てる人など本当にごくごくわずかだろう。奇跡といってもいいすぎじゃない。

だからなのか、ミリアンのことをやっかむ囚人たちも少なからずいた。

でも、誰がミリアンと同じことができるだろうか。自分を信じて、三年間も州刑務所で裁判を闘うなんて。勝てる保証は少ない。下手をすれば、何年何十年と刑務所にいつづけなければならない。私には絶対にできないよ。

東側のローセキュリティ・ユニットに入ってすぐ、ミリアンが紙細工の白鳥を見せてくれた。

「きれいでしょ。これ、前にいた中国人の女性が作ってくれたの。東洋人は手先が器用でクリエイティブなことが上手ね」

ならばと、私は紙でくす玉を作ってあげた。幼稚園のころに習ったものだ。ミリアンにあげると、とても喜んでくれた。

翌日、ミリアンがやってきて、「トモミ、昨日のくす玉、もうひとつ作ってくれない?」という。自分のベッドの横に飾っておいたら、友だちがどうしてもそれがほしいといいだし、あげてしまったらしい。私は、喜んで作ってあげた。なぜなら、FCI入所当時と同じく、ここでもありあまる時間をもてあましていたからだ。

するとと今度は、くす玉をわたしてすぐ、ミリアンが私の元へもどってきた。そして済まなさそうにこういうのだった。

「あのね、私の周りの友だちがみんな、あのくす玉の飾りがほしいっていいだしちゃって」

私はちょっと切ない気分になった。私たちのいる第四ユニットは、仕切りのない体育館のようなスペースに一〇〇台以上の二段ベッドがならべられてあるだけの殺風景な超大部屋だ。しかも、ベッドを囲むカーテンのようなものすらない。ふたり部屋である程度のプライバシーが保てたFCIとはかなりの差があった。だから、ここでせめてもの楽しみといえば、自分のベッドの柵《さく》の周りに簡単な飾りつけをすることくらいなのだ。

だから、私が幼稚園で習った程度の紙のくす玉でも大人気なのだろう。

どうせ時間もたっぷりあることだし、私は何個も何個もくす玉を作ってあげた。

遅くとも数週間後には、私はここからいなくなる。そのときに、このくす玉を見て、ほんの少しでも私のことを思いだしてもらえればうれしい。そう思ったりもした。

けれど、このくす玉の件だけでなく、ミリアンは周りの囚人たちに常に気を配っている。

まるで所内の管理人おばさんだ。それも、何の見返りもない、無給の管理人。

「コーヒーを飲みたい」「クッキーが食べたい」「洗濯物をたたんでほしい」

そんなわがままな頼みまで、できるかぎりフォローしてあげている。私は、わがままな若い囚人たちが、人の良いミリアンをうまく使ってるような気がしてちょっと不快だった。なのにミリアンは笑顔でこういう。

「いいのよ。ここでは、みんな家族なんだから」

私のとなりのベッドのターラという黒人の女の子なんか、キッチンの仕事へ行く前のベッドメイキングを毎回、ミリアンにやらせていた。

「マミィ、お願い！　時間がないの」

とかいって。私はそれを横目で見ながら、かなりムカついていた。

でもある日、意外なことを目撃してしまった。ターラが、キッチンから大量のコーンフレークをかくれてもちかえり、それを全部、ミリアンに献上していたのだ。コーンフレークは囚人たちにとっていちばん人気のスナックで、みんな手に入れようと必死になってる代物《しろもの》だった。私は内心、ちょっとニヤリとする思いだった。

（なんだ、ミリアン、案外うまく若手を使って、したたかにやってるじゃん）

ミリアン、やっぱり、だてに州刑務所で三年間生きのびてるわけではなかったんだね。

さよなら、ニューヨーク

州刑務所には、白人の囚人が多くいた。だいたい半分ほどが白人で、あとの半分が黒人とラテン系。FCIは、ドラッグの組織犯罪者が主な囚人だったため、黒人、そしてラテン系が圧倒的に多かったのだろう。

州刑務所の囚人たちは、本当にいろんな犯罪を犯してここに入れられていた。コンビニ強盗、車泥棒は定番。ストーカーで逮捕された女性もいれば、彼氏が浮気している女の家を捜しだし、ふたりの浮気中に火をつけ、放火殺人犯になった囚人もいた。

そんな同房者の話を聞くのはおそろしくもあり、ちょっと刺激的でもあったけれど、もう私も刑務所暮らしが二年近くになっていたので、けっこう飽きてもいた。私はユニットのベッドにあおむけになり、天井を見ながら考えこんでいた。

この退屈な時間の固まりをなんとかしなきゃいけない！

強制送還の手続き待ちで収容されている囚人たちは、基本的に労働に就く必要はなかった。仕事をすれば、それに見合った給料は支払われるのだが、給料は二週間ごとの支払いのため、その前に送還が決まればただ働きになってしまうからだ。やることといえば、ベッドの上で眠るだけ。退屈退屈退屈……。気が滅入《めい》ってしまう。

もうこうなったら、給料なんて関係ない。志願して働くしかない。それも丸一日、みっちりと働ける正規の仕事をするんだ。

そんなときにタイミングよく、カブレラ妹がいい話をもってきてくれた。ここへ来て五日目に仕事を見つけ、A&D（入退所受付センター）で働いていたカブレラ妹は、私を担当オフィサーに推薦してくれるというのだ。

A&Dの主要な仕事は、新しく入所する囚人たちへの制服や下着の支給だ。それも、ただわたすのではなく、サイズの合った物を目測で選びだし、あてがわなければいけない。

州刑務所に来る女性たちの体型は本当に幅がある。薬物中毒者が多いので、ガリガリに瘦《や》せた人もいれば、二〇〇キロ以上の人だっている。身長も一四〇センチ台から二メートル近くまでいるし。けっこう大変なのだ。

夕方から夜にかけての支給が終わると、「新しい服をくれ」とか「下着をもう一枚」

とか勝手なことをいってくる囚人たちをかわして清掃。それが終わるともう深夜近いのだが、最後に倉庫へ衣服を取りにいく仕事が待っている。

州刑務所では、裁判所に行く際に、入所時に預けた自分の私服を着ていくことができる。

なので、私たちは翌日に裁判所へ呼びだされる囚人たちのリストを見ながら私服を倉庫から取りだしておくのだ。実は、これが密《ひそ》かに楽しい作業だった。

別に人の服を見られるから楽しいとか、そういうわけではない。裁判所呼びだしリストには、実はその日に釈放される囚人の名前も一緒に記載されているのだった。

基本的に釈放が本人に通知されるのは、当日の朝。つまり、前日の深夜にリストを見られるA&Dの仕事は、誰よりも早く、明日釈放される囚人の名前を知ることができる仕事でもあるのだ。だから釈放を控えた強制送還者などは、私たちが仕事を終え、ベッドにもどるのを待ちかまえていて、「ねえねえ、私の名前、釈放リストにあった⁉」と必死で聞いてくる。

明日の朝になれば判明するのだが、たとえ数時間でも早く知りたいのだ。

その気持ちは私も同じだった。毎日、最後の仕事としてリストを受けとるとき、自分の名前が釈放リストに書いてあるんじゃないかと、もうドキドキドキドキする。

ただ私の場合、たとえ釈放されても、まだすぐ帰国とはならない。

なぜなら、逮捕のときに私のパスポートを取りあげたＦＢＩが、きちんと保管せずに、なんと紛失させてしまっていたからだった。ありえないと思うけど、本当の話。

だから私は釈放されたあと、日本国総領事館から出国証明書を発行してもらわねば、この国から出られない。

もお〜なんだよ、ＦＢＩ！　なんか私の場合、最初っから終わりまで、アメリカのいい加減さにふりまわされてるような気がする。

まぁ、それは私にかぎったことじゃないんだろうけれど。それに、囚人が文句をいっても始まらないだろうけど。

州刑務所へ来てから一か月が過ぎても、私はＡ＆Ｄで働きつづけた。毎日毎日、何十人と入所してくる囚人たちに制服を支給しつづける日々。

仕事に汗を流していると、とりあえず時間は早く過ぎていく。

けど、いったいいつになったらここから出られるのか。

いつになったら、日本へ帰れるんだろう。

たとえば、もし今、なにかの拍子にケンカに巻きこまれて懲罰房へでも入れられてしまったらどうなるんだろう？

もしくは、感染症や重い病気にかかり、入院させられてしまったら？

夜寝る前には不安がいつも襲って、そんな最悪のことばかり想像してしまう。

やめよう。もっと楽しいことを考えよう。そう思ってなにか楽しいことを想像しようと思うのだが、何も浮かんでこない。仕方なく、眠くなるまでただひたすら目をつぶる。

その前の日も深夜まで働き、明日の釈放リストに自分の名前が記載されていないことに失望しつつ眠った。

翌朝、ベッドまでオフィサーが私を呼びにきた。

「ミス・アリムラ！　急いで荷物をまとめて領事館へ向かいなさい！」

はあ？　いったい私が何をしたわけ？　まだ眠いよ……。

「アリムラ！　あなた、今日、釈放です！」

けど、リストに名前は載ってませんでしたけど。

「州刑務所が名前を書きわすれたようです!!」

なんじゃそりゃ！　でも、うれしい！

オフィサーたちのいい加減さには、もうほんと一一一にあきれた。けれど、特別に出してくれた乗用車で、コネティカット州刑務所からニューヨークの日本国総領事館へ向かうドライブはとても楽しかった。

初めてきちんと目にするコネティカットの町なみ。入所した日は大雪だったし、もしそうじゃなくても風景を見る余裕なんてまったくなかった。だけど今は、緑の木々、典型的なアメリカンハウスの住宅、お散歩する老人……などがしっかりと目に映る。

コネティカットは、とても美しいところだった。ふつうに訪れていたら、この州を好きになったかもしれない。でも、私は囚人としてしかこの州と出会えなかった。だったら、コネティカット州が大嫌いかといえば……よくわからない。

そのうちにニューヨーク州に入り、マンハッタンが近づいてきた。

ドキドキしてくる。二年ぶりのニューヨーク。私が大好きだった街。

トライボロー・ブリッジをわたり、ハーレムに差しかかる。日本国総領事館はダウンタウンにあるから、どんどんストリートを下っていく。一〇〇丁目、九九丁目、九八丁目……。

六〇丁目、ミッドタウン。ニューヨークに来て最初のころ、この辺りに住んだこともあった。

何もかもが新鮮だったあのころが、たまらなく懐《なつ》かしい。五五丁目、街の中心部。もし、知ってる人に見られたらどうしよう。

「むちゃくちゃ久しぶり！　日本へ帰ってたの？　またもどってきたんだ？」

なんていわれちゃうんだろうか。恥ずかしい。
五四、五三、五二丁目……、アレックスとよく通ったカフェの前を通りすぎた。クロワッサンがおいしかった店。ふたりで食べた朝食。過去の思い出。
そのカフェのとなりにはコインランドリーがあって、そこで彼の服を洗濯してあげたことがあったな。洗濯。あのころは洗濯することが楽しかったんだ。信じられない。ストリートを走るごとに、アベニューを横切るごとに、いろんな思い出が電子レンジのなかのポップコーンみたいにむくむくとわきあがってきて、破裂しそうになる。深く息を吐きだした。胸が破れてしまわないように。

日本国総領事館での手続きは一〇分で終わった。同行した女性オフィサーは、「こんな手際《てぎわ》のいい領事館は初めて見たわ」と驚いていた。オフィサーは日本の行政機関が初体験だったんだろう。「アメリカ人も少し見習いなよ！」といってやりたかったが我慢した。

総領事館の人たちは本当によくしてくれた。出国のときに着る洋服を母が送ってくれたのだが、それがFCIと州刑務所の間で宙ぶらりんになったときなども、ねばり強く交渉してくれて、きちんと処理してくれた。一度、総領事館の人がFCIまで面会に来てくれたこともあった。私のことをひとりの人間として正当に扱ってくれているようで、とても勇気づけられた。本当にありがとうございます。

帰り道。運転をしていた女性オフィサーが、ピザ屋の前で車を停めた。

領事館へ行った帰り道には、イミグレーションのオフィサーが囚人にピザをおごるというのが恒例のセレモニーになっているという噂《うわさ》を聞いていたけれど、本当だったんだ。オフィサーが買ってきてくれたアンチョビのピザをワンピース手に取り、車内で早速かぶりつく。すごい！　おいしい！　こういうことをしてくれるのが、やっぱアメリカ人のいいところだよね！　と現金にも思ってしまう。

でも、街のピザ屋さんのピザがこれほどおいしいなんて。たぶん、ニューヨークの街で食べる食事は、これが最後。この味、一生忘れたくないな。

ピザを食べおわり、車が走り出す。私は窓からニューヨークの街をひたすら眺めつづける。

別れてしまった男と同じで、もう二度と逢《あ》えないと思うと余計に恋しくなってしまう。

好きだったんだな、この街が。

私はこの街に片思いしてたんだ。そして、失恋した。

さよなら、ニューヨーク。もう二度と逢えないね。

留置所の再会

車のなか、教えてくれないだろうと思いつつオフィサーに聞いてみる。

「私、いつごろ日本に帰れますか」

オフィサーの女性は、意外とあっさり答えてくれた。

「たぶん、日曜日には日本の家にいるわよ」

え？　本当に!?　今日は水曜日だから、えーとえーと……。また心臓がドキドキしてきた。日本とアメリカの時差、日本へのフライト時間、必死で計算した。

そして、明日は州の休日で、明々後日の土曜日はイミグレーションは休み。

ということは、あさっての金曜日！　これが私のXデイだ！

そして、車は、州刑務所へそのままもどらず、町の留置所へ向かった。ここで、裁判所に行っている囚人たちを待ち、刑務所行きのバスに一緒に乗って帰るのだという。

しかもバスが出るまで、留置所に入っていなければならない。

ふたたび、うんざりが襲ってくる。留置所も入りたくなかったし、バスにも乗りたくない。

留置所には私より先に、ひとりの白人女性が入っていた。異様にきょろきょろしている。目つきがおかしい。あきらかにドープ・シック、麻薬中毒患者の症状がでちゃってる。そのうち、その女性はベッドの上で寝てしまったが、なんと寝たまま、うんこをもらしてしまっている。ものすごく臭い。

臭い、臭すぎる。すると正面の房に入っている、荒っぽい感じのラテン系の三人の女の子が助け舟を出してくれた。

「あんた！　臭いだろ！　こっちの牢屋《ろうや》へ移動させてもらいなよ！」

「オフィサー！　オフィサー！　うんこだよ！　うんこ！　ドープ・シックの囚人がうんこもらしてんだよ！　早く来てよ！」

その三人娘の大騒ぎの訴えのおかげで、私はその子たちの房へ移ることができた。

三人は、マリア、ケリー、ロベルタと名乗った。みんなかなり若い。

「でさー、トモミは何やらかしちゃったわけー？」

「恋人がロシアン・マフィアで、そのおかげでＦＢＩに逮捕されて、ＦＣＩに約二年入れられてた。これから、日本へ強制送還になるところ」

正直にそう答えると、彼女たちは口々に、「すっげー！」「やるじゃん、トモミ！」などと喜んでいる。この子たち、わりと軽い犯罪で留置所に入れられてるだけなのかな。

ところが、そうじゃなかった。もうひとり、囚人が入ってきたときのこと。白人の少女だった。顔面蒼白《そうはく》になっている。そしていきなり、その少女はベッドに突っぷして大泣きしはじめた。

「わあああああーーーーん！　私もうダメー！　人を刺しちゃったーーー！」

体中、がたがた震わせている。私はどうしていいかわからなかった。

そうしたら、マリアがその少女の肩をがしっと抱きしめ、はっきりこういった。

「安心しな！　だいじょうぶだよ、私だって殺人で逮捕されたんだから！」

マリアの罪は軽犯罪などではなく、殺人だったのだ。

目の前にいる、かわいらしいふたりの女の子が、ふたりとも殺人者であるという現実。

この子たちも、きっとこれから長い刑務所生活を送りつづけなきゃならないんだなと思うと、かなり胸が痛んだ。

でも、すでにＦＣＩと州刑務所でそれなりに囚人としてのキャリアを積んでしまっている私は、胸が痛むいっぽうで、冷めた考えも同時にもった。果たしてこの子たちは、何年になるかしれないこれからの刑務所暮らしで、自分の罪を償い、反省する気持ちになるのだろうか、という思いだ。

私の素直な実感として、囚人たちの多くは自分が犯した罪を、そう重いものであると感じてはいない。

たとえば、麻薬犯罪で捕まった元ドラッグ・ディーラーたちのほとんどは、こういう。

「私はドラッグを売ってたけど、人を殺したわけじゃないからね！」

そして逆に、殺人者はこういうのだ。

「ドラッグを売って、金儲《もう》けしてる連中は最低さ！」――と。

ＦＣＩに、ミーナという二〇歳くらいのかわいい女の子がいた。ミーナは強盗殺人犯で、なんと妊婦さんのお腹《なか》をナイフで刺して、殺してしまっていた。だけどミーナは、口癖のようにこういっていた。

「私は人殺しだけど、ジャンキー（麻薬中毒者）じゃないからね！　ジャンキーとだけは一緒にしないでよ！」

だから私は、今目の前で抱きあって泣いているふたりの少女にも、深い事情もわからないまま簡単に同情はできない。ミーナが妊婦さんを刺し殺した理由が強盗殺人だったみたいに、単純なお金目当てで人をあっさり殺してしまったという囚人を何人も知ってしまっているから。

逆にいえば、そんな殺人者も大量に生みだすこのアメリカって国は、どんな国なんだっていうことにもなる。

連邦刑務所も、州刑務所も、留置所も、やはりある意味、アメリカの最底辺だ。最底辺で暮らすと、いちばん露骨なアメリカが見えてくる。

マリアと白人の少女は、それからもしばらくずっと抱きあっていた。


それから三〇分ほどたっただろうか。突然、懐かしい声が留置所の廊下に響いた。

「トモミー！　私、キャティよ！」

キャティだ！　FCIを出所して、今日、ここに来てるんだ！

「キャティ！　いるよ！　私、ここにいるよ！」

オフィサーに無理やり頼んで、キャティと同じ留置房に移動させてもらった。

キャティは、日本人がいるということを聞いて、私の名前を呼んだのだった。

「トモミ！」

キャティが私に抱きつき泣きだした。そして、私の顔をまじまじと見て、驚いた。すごい吹き出物。ばさばさの髪の毛。頬もこけてしまっている。ほんと、ひどい顔。

「トモミ、そんなんなっちゃって。州刑務所はそんなにつらいところなの？」

私はこれから数週間、あそこで過ごさなければならないキャティのために、あまり悪いことはいえないなと思った。けど、生半可な期待をもたすのも罪だ。

「ひどいところだよ、キャティ。でもだいじょうぶだよ。キャティ、ついてるもん。だって、まさかここで会えるなんてふつうありえないじゃん、奇跡だよ！」

「うん」

キャティもうれしそうにうなずいた。

州刑務所へ向かうバスのなかは、前と同じように騒々しさのかたまりだった。

そのなかで、キャティと私はひっそりとお別れをいった。

「次に会うときは、外の世界だね」

日本へ

キャティは、新人が最初に入るメディカルユニットへと送られていった。

私は東側サイドの第四ユニットへもどり、いつものA&D（入退所受付センター）の職場へもどった。

疲れてはいたけれど、今日が最後の仕事だと思うとがんばれた。今日、仕事の最後に倉庫へ行くとき、釈放リストを見る。明日は祝日だから、リストにはあさっての金曜日に釈放される者の名前が記されているはずだ。

そう、私の名前、Ｔｏｍｏｍｉ Ａｒｉｍｕｒａが。

深夜一一時。リストがまわってきた。ドキドキ。アルファベット「Ｔ」の欄を見る。

あ……れ？　ない。私の名前が書いてない！　なんで？　また書き忘れ？　それとも……。

誰か私のことを嫌いなオフィサーが、私の名前が出るたびに消してたりするんじゃないだろうな！　そんなことまで私は疑ってしまった。

「だいじょうぶ、私のお姉さんのときも、リストに名前がなかったけど釈放されたから」

カブレラ妹がなぐさめてくれる。

「それに、金曜日に出れなくても、来週には出れるよ」

その通りだと思う。でも、だめ。一度、あさってに出られると思ってしまった自分の気持ちをどうにもできない。たった一日にこんなにこだわってしまう自分が憎たらしい。

その夜、体は疲れきっているのに、まったく眠ることができなかった。

木曜日。本当なら、「明日出れるんだ！　日本へ帰れる！」と、ニコニコしながら過ごせるはずなのに。州刑務所へ来て六週間、一番楽しい日だったはずなのに。こんなことならA&Dの仕事につくんじゃなかったよ。釈放リストなんか見るんじゃなかった。あー、それにしても、なんでこんなにイライラしなきゃなんないの！　バカ！

その日はほとんど食事も摂らず、夜七時にはベッドに入り、ブランケットを頭からすっぽりかぶって、ただうずくまっていた。釈放される囚人には、朝四時ごろにオフイサーが起こしに来る。だったら朝四時までこうやって起きてようか。

トントントン。いつの間にか眠ってしまっていた私の肩をオフィサーがたたいた。

「Miss Arimura! Pack your stuff」

荷物をまとめなさい、そうオフィサーはいっている。

荷物をまとめ、シャワーを浴びた。まだ時間は午前三時だ。みんな寝静まっている。

私はまだ信じていない。直前で、「あら、あなた、名前載ってないわよ」と追いかえされる覚悟はできて……ない！　やっぱりヤだ！　絶対今日釈放されたい！

A&Dへ進む。手続きをする。あっさり終了。これで、確実!?

そうしたら、今日一緒に釈放されるふたりのドミニカンの女の子のひとりがこういった。

「私、三週間前に一度釈放されて、空港まで行ったの。でもオーバーブッキングで飛行機の座席が取れなくて、またここに送りかえされたんだよね」

……絶対に、絶対にオーバーブッキングがありませんように！

州刑務所を出るときにオフィサーが、AIDSに気をつけろってメッセージだろうか、コンドームをくれた。これもイミグレーションのある種のセレモニーらしい。

私は、そのアメリカがくれた最後のプレゼントをポケットにねじこんだ。

バイバイ、コネティカット州刑務所&イミグレーション。もう二度と来ないから。

空港に着き、飛行機を待っている間も、私はまだ囚《とら》われの身だ。

でも、どうしても我慢できなくなって、同行のオフィサーにお願いしてみた。

「あの、売店でポテトチップス買ってもいいですか？」

私が釈放されたら、まず最初にやりたかったこと。それはポテトチップスを思いっきり食べること。それもお腹いっぱい。そう、お腹いっぱいに自由を感じながら、食べること。

オフィサーは笑って許してくれた。私は四袋買い、飛行機に乗りこんだ。

座席に着くと、日本人フライトアテンダントの男性が、ちょっと馴《な》れ馴《な》れしい感じで話しかけてきた。

「どうして強制送還になっちゃったの？　不法滞在とか？」

彼は業務上、私が強制送還されることを知っているのだろう。

私は、二日前、町の留置所で殺人犯のマリアたちにいったのと同じように正直にいった。

「恋人がロシアン・マフィアのニューヨーク有数のドラッグ・ディーラーで、私も密売組織に関係した疑いをかけられて逮捕され、有罪となり、連邦女子刑務所と州刑務所に約二二か月間入っていたんです」

フライトアテンダントはぎょっとした表情になって、それからは何も話しかけてこなくなった。

シートベルトをしめた。

飛行機が滑走路を走りはじめた。

機体がふわっと浮くのがわかった。

「やったー！」

私はポテトチップスの袋を抱きしめた。

パリパリと乾いた音がした。

そして、それから

「ハロー！　ハッピー・ニューイヤー、トモミ！」

日本の実家で新年を迎えたその日、突然、韓国からの国際電話があった。キャティからだった！

私が出てから数週間後に、キャティも無事に出所できて、強制送還された韓国に着いてすぐ、私に電話をくれたのだった。

「トモミ！　今、私、外の世界にいるんだよ！　信じられない！　すごくうれしい！　だってもう、私たち、囚人じゃないんだよ！　囚人服も着なくていいし、点呼も受けなくていいし、懲罰房に入れられる不安もないし、ケンカを売ってくるビッチな囚人連中もいないし！　ほんと、やっと出られた、やっと出られたんだね、私たち！」

電話の向こうのキャティは、本当に心からうれしそうだった。ＦＣＩにいたときには、ここまではずんだ彼女の声を聞いたことはなかった。きっと顔も、見たことがないほど明るい表情になってるんだろうなぁ。

私は数週間前の、州刑務所を出所し、強制送還されて日本へ帰国した直後の自分を思いだしてみた。

私の場合、あの電話のキャティほど大はしゃぎするような感じじゃなかった。成田空港に着いたときも、「やった！　日本へ帰ってこれたんだ！」といううれしさよりも、不安な気持ちのほうが強かったほどだ。

「本当に問題なく、ちゃんと入国できるのかな。まさか、入国審査で引っかかって、また入国管理局に収監されたり、それこそ、日本の刑務所に入り直しさせられたりするなんてこと、ないよね……」

そんなことばかり考えていたのだった。そして、それは母も同じだったようだ。

結局、私が何の問題もなく、あっさりと入国できて到着ロビーに着いたとき、出迎えに来てくれていた母は、なかばパニック状態になっていたのだ。

予定していた到着時間から、私が到着ロビーに出てくるのがわずか一五分ほど遅くなっただけで、そんなことは海外旅行ではふつうにあることなのに、母は、「なぜ朋美は出てこないの!?　あの飛行機に乗ってないんじゃないの？　やっぱり何かあって、アメリカを出国できなかったんじゃないの!?　こうなったら、大使館に問い合わせなくちゃ……」と。

まるで笑い話みたいだけれど、母としては真剣だったようだ。

実際に自分の目で私の顔を見るまで、不安で不安でしかたがなかったのだろう。

だから、到着ロビーで約二年ぶりに顔を合わせた私と母は、感激するとか、喜びあうとかいうよりも、まるで、迷子の子どもとお母さんがようやく引きあわされたような感じだった。

ただただ見つめあって、お互いが目の前にいることを確認して、ここが日本であることを確認して、ここが、本当に外の自由な世界であることを確認して……。

そして私は、飛行機のなかで、「お母さんに会ったら、最初になんていおうかな。やっぱり、ただいま、無事もどりました、心配かけてごめんなさい……かな」とか考えていたのに、実際には、そんな言葉は何もいえなかった。

涙も出なかったし、逆に、笑顔も作れなかった。

「ねえ、早く家に帰ろう」

これが私の、日本での第一声だった。

あの新年の日から、しばらくしてのこと。

ふたたびキャティから、国際電話がかかってきた。だけど、電話のキャティの声は、とても沈んだものだった。出所直後のはずんだ様子はまったく影をひそめていて、それこそ、FCIで落ちこんでいたときと同じような声だった。

キャティは、そんな暗い声で、こんなことを話しだした。

「私、韓国へ返された最初のころは、とてもうれしかったんだよね。だって、あのイヤでたまらなかった刑務所からやっと出れたんだから。本当、それだけで、もううれしくてうれしくてたまらなかったくらい」

だけど、そんなキャティの気持ちは長くは続かなかったみたいだ。

「あのさ、FCIに入ってたときはさ、私もトモミも、こう思ってたよね。『ここから出れさえすれば、きっと幸せになれるんだ。ここから出れさえすれば私は、新しく楽しい毎日を生きていけるんだ』って」

「うん、思ってたね」

「だけど、それはまちがってたよ。刑務所から出れさえすれば、何もかもがうまくいくなんてこと、あるわけなかったんだよね……」

「うん、そうだね。それは、私もそう思うよ……」

そしてキャティは、泣きそうな声で、こう話を続けた。

「刑務所にいたときのほうがよかったなんてことは絶対にいえないんだけど、でも今、私、めちゃくちゃつらいよ。住む家も見つからないし、仕事もぜんぜん決まらない。アメリカ育ちの私はここじゃよそ者扱いだから。仕事の面接に行っても、『なんで韓国に帰ってきた？　どんな理由で？』って聞かれて、そういわれると私、体がこわばって、何もいえなくなっちゃうんだ……」

八歳でアメリカへ移民としてわたったキャティにとって、強制送還されてもどった韓国は、もう生まれ故郷とは呼べないのだろう。親も兄弟も友だちもいない国にひとり放りだされた形のキャティは、刑務所帰りの強制送還者という重みに、押しつぶされそうになっているようだった。

私には、キャティの気持ちが痛いほどわかった。

キャティにくらべれば、日本へ帰ってこられた私は、ぜんぜん幸せだとは思う。

それでも、出所してから時間が過ぎていくにつれ、私は私で、自分のなかにわいてくる変な感じに悩まされていた。自分だけが、この世界から浮きあがってしまっているような、いやな感じ。

なぜだかわからないけれど、せっかく自由になれたくせに、なんかリアルじゃない、嘘《うそ》の世界に生きているような、妙な違和感。

それこそ、キャティほどには刑務所生活を嫌っていなかった私は、ふと、こんなことまで考えてしまっていた。

「なんか、FCIにいたときの自分のほうが、きちんと生きてたような気がする。なんかまだ、FCIにいてもよかったような気さえする。ありえない話だけど、もしもう一度、FCIに入れっていわれたら、あまり抵抗なく入っちゃうかも……」

むちゃくちゃだと思われるかもしれないし、まったく反省してないじゃないかと怒られるかもしれないけれど、本当に、そんな考えから抜けだせなかった。

キャティはそれから、短い期間に何度も電話をかけてきた。

不安を打ちあけられる相手が、私しかいなかったからだろう。

そして私は、何回目かのキャティの暗すぎる声の電話を受けたとき、キャティに会いに韓国へ行こうと決心した。

このままだと、キャティは自殺しちゃうかもしれない……と思ったからだ。

キャティとした刑務所のなかでの約束、「次に会うのは、外だね」を果たさなきゃいけない。そうしないと、もう一生、キャティに会えなくなっちゃうかもしれない。

それに、キャティに会うことで、自分自身のこのいやな感じにも決着をつけたかった。

今の日本での暮らしより、アメリカでの刑務所暮らしのほうがリアルに思えてしまう、ぬぐいきれない違和感に決着をつけたかった。

私は外務省に、韓国への入国許可をもらうための届けを出した。

アメリカ合衆国入国禁止状態の私は、ほかの外国へ行くときでも、そのたびに外務省に届けを出さなければならなかった。そのうえで問題がなければ、特別な渡航許可がおりる。

二週間ほどかかって、ようやく許可を得た私は韓国へと飛びたった。

「キャティ、ひさしぶり！」

「トモミ！　会えてうれしい！」

韓国へ到着した夜、私が泊まったソウルのホテルで、私たちは再会を果たした。会うのが夜になったのは、キャティの仕事の都合だった。キャティは、ようやく仕事を見つけることができたのだ。

会ってすぐに抱きあったとき、キャティがわりとふっくらしていたことに、ちょっと安心した。ニューヨーク時代の、コカイン中毒だったころみたいにガリガリに痩《や》せちゃってたらどうしよう……なんて思っていたから。

キャティは、私が韓国への渡航許可を申請していた間に、かなり元気を取りもどしたようだ。やっぱり、仕事につけたことが大きかったのかもしれない。

「仕事はね、英語の先生。英会話教室で教えてる。今はまだアルバイトで、一日に何時間もの授業をこなさないといけないからハードだけどね。でも、トモミが刑務所のなかで日本語やピアノを教えていたのにくらべればましかも、へへへ。それに、がんばれば正社員にしてもらえる可能性もあるから。今の私にとって、武器になるのはアメリカで身につけた英語しかないから、この仕事で一生懸命がんばろうと思ってるよ」

そして、キャティはこうもいった。

「私、ここで生きていくしかないからね。まだ友だちもぜんぜんできてないし、恋人だっていないけど、でもこの国で生きてくしかないもんね。そりゃ、ニューヨークへもどれたらどれだけいいかって、今でも毎日のように思うけどさ……」

ニューヨークへもどれたら、か。

私も、そう思ってしまうことは何度もあるよ。だって、ＦＣＩにもどってもいいかな……なんて、とんでもないことすら考えちゃうくらいなんだからね、おかしいでしょ、へへへ。

そんなことを冗談めかして私が話すと、キャティは、こういってきた。

「ハハハ、トモミらしいね。トモミは何だかんだいって、FCI生活をエンジョイしてたところ、あったもんね」

「うん、刑務所暮らしを楽しむなんて、不謹慎な話だけどね」

「私は、FCIへもどるなんてのは考えるだけでもイヤだよ。でもね、今になってようやく、こう思えるようになってきたんだ……」

「どう思えるようになってきたの？」

「うん、それはね、逮捕されて、FCIに入れられて、よかったんだって思えるようになったの」

「え、なんで？」

「だってね、もしあのとき逮捕されずに、あのままニューヨークでドラッグの密売人を続けてたら、私、三年以内に死んでたと思う。うん、絶対に死んでた。FCIにいたときはね、刑務所にいるのがイヤでイヤでたまらなかったから、逮捕されてよかったなんて考えたこともなかったけど、今こうやって韓国で暮らして、本当にそう思えるようになったんだ」

そして、キャティは、こうきっぱりといった。

「ＦＣＩにいたときは、ここを出所さえすれば幸せになれるって思いこんでたよね。でもそれは大きなまちがいだったよ。なぜＦＣＩに入ることになっちゃったのかも真剣に考えずに、そのことを反省もせずに、刑務所から出さえすれば、自由になりさえすれば幸せになれるなんて、そんなわけはないよね。今、私はぜんぜん幸せじゃないけど、でも、とにかく一生懸命がんばって、ふつうに生きていこうって思ってる」

私は、もう一度、キャティを抱きしめたくなった。

二日間だけソウルに滞在して、私はキャティにバイバイをいった。

韓国から日本へ帰る飛行機のなか、私は今までのすべてのことを思いだし、ふりかえってみた。

ニューヨークで暮らしはじめたときの気持ち。

アレックスと出会い、彼がロシアン・マフィアだと知っても、彼を愛さずにはいられなかった気持ち。

逮捕されたときの、気持ち。

刑務所に入るのを決意したときの、気持ち。

そして、ＦＣＩと州刑務所で過ごした、二二か月間。

すべて、私が生きたリアルな過去。
その過去を消すことができないのと同じように、もう二度ともどることもできない。
キャティは、韓国で必死に生きようとしている。
ルピータは、あと四十数年間はFCIで暮らしつづけなければいけない。
グロリアも、再びFCIにもどされてしまった。
アレックスは、たぶん一〇年以上の懲役刑を受け、そのあとはロシアへ強制送還だ。
飛行機が成田空港についた。
私は、何か、二度目の出所を果たしたような気分になっていた。
さようなら、FCIでの日々。
こんにちは、私の今日からの日々――。

おわりに

最悪だけど、忘れない

私は、ニューヨークが大好きでした。

都会で、おしゃれで、刺激的で、ちょっぴり危険で。

いろんな人種の人たちが、いろんな国の人たちが、さまざまに、自由に生きているように思えるニューヨークが、本当に好きでした。

だけどよく、こんなことをいわれました。

「ニューヨークをアメリカのすべてだと思ったら大まちがいだ。本当のアメリカはあんな大都会ばかりじゃなくて、もっと田舎なんだよ」

なんて。

でも、だとしたら、私が入ったアメリカ女子刑務所は、いったいどんなアメリカだったのでしょうか。

人を簡単に殺してしまった殺人者たちがいて、金目当てにドラッグを売った麻薬犯罪者たちがいる、アメリカ。

ある意味、最低の、最悪のアメリカ。

それが、あのFCIであり、州刑務所であったともいえます。

私は、その最低・最悪のアメリカの一員でした。

そこで私は、多くの最低・最悪な仲間と出会いました。

そして、開き直るつもりはないけれど、私は、最低・最悪な仲間たちのことを、かなり好きになってしまったことも事実です。

この本を書いている途中、うれしいことに、私のピアノクラスの生徒さんだったシャヒーダから、エアメールが届きました。連邦刑務所から社会復帰キャンプに移り、元気にやっているとありました。

あのオカマちゃんのラティーシャも一緒で、相変わらず人気者だとも。

私は、私のピアノの伴奏で歌ったシャヒーダのゴスペル・ソングや、ラティーシャのダンスを懐《なつ》かしく思いだしました。

グロリア、ルピータ、ズマ、サンシャイン、ソト、アマリ、シュボーン……。ミス・ディー、ミス・ビビ、バッシィ、トリッサ、ベラスコ、ミリアン……。そのほか、いっぱいの囚人やオフィサーたちの顔も思いだしました。彼女たちの想《おも》いも少しでも文章にできればと考え、私なりに一生懸命、えんぴつを原稿用紙に走らせました。最低の、最悪な私たち囚人にも、生きてきた日々があり、生きる理由があり、意味があると思うから。

本書を書くにあたっては、友だちでもあるルポライターの藤井良樹さんにいろいろと助けてもらいました。ポプラ社第三編集部部長の野村浩介さん、担当していただいた斉藤尚美さんにも、とてもお世話になりました。

美由紀ちゃんもありがとう。

キャティ、あなたとは、これからもずっとずっと友だちです。

そして、お母さんと、天国のお父さん……。

読んでいただき、本当にありがとうございました。

私は、これからも、がんばって生きていきます。
FCIと州刑務所での日々を、すべての意味で忘れることなく。

日本にて

有村朋美

有村朋美という女性がこの国に一人いること

藤井良樹

有村朋美がアメリカ女子刑務所を出所し、日本へ帰国して二カ月ほどで書き上げた鉛筆書きの『プリズン・ガール』の最初の原稿は、ほとんど改行なしにびっしりと文字が敷き詰められた代物《しろもの》だった。読み始めてすぐ、その文字の絨毯《じゅうたん》に私は搦《から》め捕られ、企画・構成協力者の立場も忘れて、ある言葉を繰り返し吐いていたのだった。

「くそっ……くそっ……くそっ……」

いや、べつに、改行のない原稿の読みにくさに腹を立てていたわけじゃあない。

この「くそっ」とは、「くそっ、有村朋美め、よくもまぁ、こんな凄《すご》い原稿書きやがって……！」という「くそっ」なのである。

「悔しいけど、俺にはこんな本、絶対書けねえよ！」という「くそっ」なのである。

「悔しいけど、なんか心動かされたじゃねえかよ！」という「くそっ」なのだ。

『プリズン・ガール』を読み終えた読者のなかには、この「くそっ」に共感してくれる方も何人かは必ずやおられると思う。

だって、かつてこれまで、この国に、こんな本が存在しましたか？
だって、かつてこれまで、この国に、こんな書き手が存在しましたか？

なにしろ、『プリズン・ガール』に登場するのはマフィア、ギャング、人殺し、銀行強盗、麻薬密売者たちと悪者ばかり。しかも、それら〝悪者〟は、朋美の恋人であったロシアン・マフィアを除けば、すべて女たちなのだ。彼女たちの懲役年数を全部足し算したら、いったい何百年になるのか。懲役二十八年、懲役五十七年、果ては懲役二百年までぞろぞろ登場するのだからとんでもない。そして有村朋美は、そんな悪者女たちの悪行、罪、言い訳、恨み、愛、背景――を分析もせず、社会批評にも走らず、共感も同情も、あるいは反省すらせずに、ただポーンと投げ出すように書く。

そういう朋美の態度は自分自身の罪に関しても一貫している。彼女の罪は〈犯罪組織による、州を横断しての大型麻薬取引きへの関与〉、つまりはロシアン・マフィアの恋人への共謀罪だが、それについても彼女はこう書いている。

〈私はドラッグ犯罪の共謀などしていない。これは誇りをもっていいきれる。けれど私は、アレックスがロシアン・マフィアであることを知っていた。彼がドラッグ・ディーラーであることを知っていた。それでも、彼の恋人でありつづけた。その事実をもって、私が彼の共謀者とされてしまうんなら、それはもう……仕方がない。〉

ええっ、仕方がないって、そんな、それだけ……？　ここでも読んでる私たちは、なにかポーンと投げ出されたような気持ちにされてしまう。さらに、彼女はこうも書く。

〈ロシアン・マフィアの男を愛してしまったことに、どんな理由をつけても嘘《うそ》くさくなってしまう。〉

〈かっこよくって、女扱いがうまくて、金髪で、背が高くて、やさしくて。でも、それだけなら、やっぱり愛することはなかったと思う。アレックスを愛してしまった理由は、今だってわからない。

彼を愛したために、刑務所にまで入った今だって、はっきりした理由はいえない。ただ愛したから。それだけ。〉

だから、そ、それだけって……?

そして私は、また何度目かの「くそっ」を吐く。「くそっ、いくらなんでも〝それだけ〟はないだろう。そのことで連邦刑務所にまでいくハメになってんのに!」

でも同時に、こうも思う。

「……でも、でも、悔しいけど、本当は〝それだけ〟だったりするんだよなぁ」

ただほとんどの人間は、それこそ私もふくめて、自分の一生を左右してしまった大恋愛、しかも大失敗の恋愛に対して、〝ただ愛したから。それだけ〟なんてあっさりは片付けられない。どう考えても、もっと引き擦るに違いない。その傷や罪をある種かけがえのない宝物として、愛《め》でようとするに違いない。だけど朋美は、そんなことにあまり興味はないらしく、本当にポーンと放り出してしまっている。

朋美がそういう女だということを一番理解していたのは、それこそロシアン・マフィアのアレックスだったかもしれない。マフィアからすれば、引き擦る女を恋人にするのは危険だ。現に朋美はアレックスに対して、彼が他に複数の女性をたらし込んでいたことに怒りは覚えたけれど、最終的にはFBIとの司法取引きを拒否、彼を売ることはしなかった。アレックスが朋美を〝愛した〟ことは正解だったわけだ。

だけどアレックスは、ただ自分に都合がいいという理由だけで朋美を愛したのか。違う。きっと、アレックスも朋美と似た者同士なのだ。崩壊した故国・ソ連を捨て、異国・アメリカでマフィアとして生きるしかなかった男。

そんな、引き擦ることを許されなかった彼だからこそ、自分とは背景が全く異なるくせに、なぜか自分と気質の似た朋美を愛したのに違いない。

ポーンと自分を投げ出すような恋愛。ポーンと自分を投げ出すような生き方。

それらは褒められたものではない。事実、投げ出す行為は犯罪と直に結びつき、投げ出したポーンの行き先が、朋美もアレックスもプリズンなわけだから。

そんな褒められたものではない方法のまま、朋美はこの獄中記もポーンと書き放っている。ゆえに私たち読者は投げられたその文章を、思わず軽く受け取ってしまう。

そう、ついポップな獄中記として受け取ってしまうのだ。重いものだとわかっていれば、敢《あ》えて受け取らずに地面に落とし、上から余裕で眺めることもできる。だけど朋美の文章はポーンと私たちの中に勝手に軽々飛び込んできて、その結果、例えば私たちは、懲役何十年何百年の重犯罪の女受刑者たちとまるで友達になったような気分にさせられてしまう。私など今でも不意に、「懲役五十七年のルピータも、二百年のサンドラも、ずっと獄中なんだよなぁ」と思い出しては妙に複雑な気分になるほどだ。軽く心に入ったものが、いつの間にか重く深く自分の中で息をしている。そんなことに気づかされ、そして改めて思うのだ。有村朋美はよくぞこんな本を書いたと。そして本当に不思議に思うのだ。あんな女の子が、よくこんな本を書くまでに至ったと。

実は有村朋美と私は、この『プリズン・ガール』を作る以前から知り合いだった。私が初めて会ったとき、彼女はまだ十七歳だったのだ。

以下はここに初めて明かす、〝プリズン・ガール以前〟の物語である。

その頃、女子高生の援助交際をルポルタージュ対象として追いかけていた私は、新宿歌舞伎《かぶき》町の女子高生デートクラブの店長であるK氏に密着取材をしていた。

K氏は、執行猶予《ゆうよ》中の前科者であり、愛想だけはいいが、カタギとは到底思えない人物だった。年も軽く三十を過ぎていたが、なぜかデートクラブに出入りする女子高生たちからは「Kちゃん、Kちゃん」と同級生のように親しまれ、さらには、Sちゃんという十九歳の可愛《かわい》らしい彼女までいた。Sちゃんは援助交際する女子高生たちが大嫌いで、なのにK氏のことは大好きで、K氏が女子高生と浮気しないかを監視するためによくデートクラブに居座っていた。取材で出入りする私とは自然と顔見知りになって、ある日、彼女の方からこんな相談を持ちかけてきた。

「このままデートクラブ続けてたら、近いうちにKは必ず逮捕されると思う。だから藤井さんから、Kにデークラ辞めるように言ってもらえないかな、お願い」

Sちゃんは真剣だった。K氏との結婚すら考えているらしかった。そんなSちゃんの隣りに付き添っていた、彼女のバイト先の親友という女の子こそが、当時十七歳の有村朋美だった。朋美は、K氏に友達のように親しむデートクラブの女子高生たちとは違って、その時きっぱりこう言った。

「Sちゃんには悪いけど、Kさんってどう考えても怪しい。どうせすぐ逮捕されるに決まってるし、とにかく早く別れなよ。結婚なんて絶対しちゃダメ」と。

さらに私にも、「藤井さんも、Kさんに『Sちゃんと別れてあげて』って言ってください」と頼んできた。結局、数週間後、K氏はあっけなく逮捕された。Sちゃんも私も、K氏を逮捕した新宿警察から事情聴取を受け、そのことで朋美を交えて三人で相談しあったりもした。そんな事件を通じ、私と朋美は、年の離れた友人となった。

朋美がFBIに逮捕されたことは彼女自身からの国際電話で知らされた。

彼女がわざわざ私に電話を掛けてきたのは、あの十七歳の頃のK氏の逮捕事件を思い出し、逮捕のことなら藤井に聞くのが一番と考えたかららしかった。

だが私としては警視庁ならまだしもFBIに詳しいはずもなく、連邦法なんか知る由《よし》もない。だから「なんでお前が逮捕？」と驚くことしかできなかった。十七歳の頃、Sちゃんに「あんな怪しい男、絶対逮捕される、早く別れなよ」と一人言っていた朋美が、と。

ルポライター、それも若い女の子への取材などを多くやっていると、トラブル相談の電話が掛かってくること自体はそう珍しくない。朋美と同じ年代の、当時女子高生だった子たちからも何度も相談を受けた。ただそれらのトラブルは、出来ちゃった結婚したあげくの離婚問題だったり、ホストの彼氏のDV問題だったり、闇金《やみきん》への借金だったりと、当然ながらドメスティックなものばかりだ。彼女たちの女子高生時代の合言葉は「人に迷惑かけなきゃ何やってもいいじゃん」で、でも結局周囲に迷惑をふりまくのだが、それでも可愛らしいものだった。それが朋美ときたら、マフィアやらFBIやらドラッグ・ディールやら、国際的というか、スケールがデカいというか、ヤバすぎるというか、なにしろ私の想像の範疇《はんちゆう》を遥《はる》かに越えていた。

だからつい、「FBIに逮捕かぁ……。あの頃、俺が取材したり、知り合ったりした女の子の中で、なんか朋美が一番遠くまで行ってる、行こうとしてるみたいだなぁ」なんて口にしてしまい、朋美に本気で怒られたほどだ。

「一番遠く？　それって刑務所に入るってこと？　やめてよ、縁起でもないから！」

本当に縁起でもなかった。だけどまだ、そのときの私には、朋美に「その逮捕とかの経験を本に書いてみれば」などとアドバイスする考えは一切なかった。

実はその頃すでに私は、〈ニューヨークでギャングの恋人を愛したがゆえに想像を絶する困難に出会った日本の女の子の手記〉という、まるで『プリズン・ガール』の姉妹のような本を企画し、世に出していた。

〝障害者の風俗嬢・豹《ひょう》ちゃんの自叙伝〟『ファイト！』がその本である。耳に障害をもつ〝聾者《ろうしゃ》〟として育った女の子が、アメリカで暮らす夢のために自ら選んで風俗嬢となり、ニューヨークに渡って二週間でアフリカ系男性と電撃結婚、しかしその夫はギャングでHIVポジティブであることを隠していた——という内容だ。ベストセラーとなり、テレビ・ドキュメンタリー化もされたのでご記憶の方も多いかと思う。そして奇妙な縁としか思えないのだが、私がこの〝豹ちゃん〟こと武田麻弓さんと出会い、『ファイト！』の企画者となったのは、朋美と知り合うきっかけにもなった新宿歌舞伎町の女子高生デートクラブだった。同じビルの風俗店で麻弓さんは〝障害者の風俗嬢・豹ちゃん〟として働いていたのだ。当時、デートクラブに張り付いていた私は、別の雑誌の仕事を近場で済ますために、その風俗店に取材要請し、麻弓さんの存在を知ったのだ。「人に迷惑かけなけりゃ何やってもいいでしょ」「どうせこんな事できるのも高校生までだし」なユルい援交女子高生をどっぷりルポしていた私に、「障害者が風俗嬢になってもいいじゃん。障害者がアフリカ系を愛してもいいじゃん。たとえ人に迷惑かけようが、私は一生好きに生きる」という麻弓さんの激しさは新鮮だった。だからそれから約二年後、ニューヨークへと麻弓さんに会いに行き、「豹ちゃん、自分の本書きなよ！」と彼女の自叙伝の企画者に名乗り出たのだった。

そんな『ファイト！』に企画者として関わっていたからこそ逆に私は、朋美に軽々しく「本を書けばいい」とは言えなかった。麻弓さんは幼い頃から障害や差別と闘ってきた強い女性だ。だからこそ、『ファイト！』が書けたと私は思っていた。

一方、朋美は強い女なんかじゃなく、それこそ普通の女の子だ。だからFBIに逮捕され、保釈中の朋美に「本書きなよ」なんて言うのは、それこそ、「豹ちゃんを見習って、頑張って困難に立ち向かうんだよ」とお説教するようなもんだ――と考えていた。それは朋美に対しても、麻弓さんに対しても、失礼な行為だと。

でも結局、私は朋美に本を書けば……と言ってしまう。逮捕から約一年後、「私、刑務所に入ることになった。懲役二年だって」と再び国際電話で聞かされたときだ。

私は冗談じゃなく、朋美が生きて日本に帰って来られるのかを真剣に心配した。一番遠くへと行こうとしてるみたいだな……と言ってしまった私の言葉は最悪の意味で当たってしまったのだ。だから私は失礼を承知で、もう頑張れと言うしかないと思い、「二年後、日本に帰ってきて、必ず本書きなよ」と伝えたのだった。

彼女は本当に一番遠いところまで行った。

そこからちゃんと生きて帰ってきて、こんな本を書いた。

私は、『プリズン・ガール』を読んで、書く人間の〝強さ〟に文章の価値を見いだそうとしていた自分の愚かさを深く反省している。

たとえば、FCIに強い女はたくさんいたはずだ。弱い女はもっといたはずだ。

だけど朋美は、強いとか弱いとかじゃない〝何か〟を持っていた。

だから朋美は、強くて哀《かな》しいギャングたち、ルピータやグロリアとも友人になれた。

だから朋美は、「あのアジア人の女の子のピアノレッスンを受けると気持ちがスッキりするよ」と、FCIの中の弱者であるおばさん受刑者たちからも慕われた。

だけど、その〃何か〃に導かれ朋美はアレックスを愛し、アレックスも朋美を愛したのかもしれない。だとすれば、朋美の持つ〃何か〃が、彼女が逮捕され、刑務所へ落ちた要因だとも言える。そう考えれば、その〃何か〃は、世界や世間からはあっさりと〃罪〃や〃悪〃と認定されてしまうものなのかもしれない。

それでも私は、朋美が持つ、強さでも弱さでもない〃何か〃を羨《うらや》ましく思う。

「くそっ、いいなぁ、悔しいなぁ」と思うのだ。


最後に。

現在の有村朋美は、日本に暮らしていて、FCIで培《つちか》った英会話力を活《い》かし、貿易関連の会社で派遣OLとして働いている。もう二度と本を書く気はないらしい。

「本書くのってあんなにキツいと思わなかった。またあんな目にあうくらいなら、FCIに一年入ったほうがマシだよ」なんて本気で言ってる。

それを聞いて、また私は「くそっ」と呟《つぶや》いている。

さらに呆《あき》れたのは、彼女が何かの拍子に、こう言い放ったことだ。

「私さぁ、男運は、そう悪くないと思うんだよねえ」

えええっ〜、ロシアン・マフィアの男に騙《だま》されて、ＦＢＩに逮捕され、連邦刑務所にまで入った女が、「男運悪くない」なんてどの口で言えるんだよ!?

でも、彼女は本心から、そう思っているらしかった。

そして、また私は、自分よりかなり年下の女友達に対して、自分よりもかなり優れた女性作家に対して、悔しがるのだ。

「あれだけの経験しといて、なんでまだ全然へこたれてないんだ？　どんな女だよ!?　くそったれ!!」、と。

だけど、有村朋美みたいな女性がこの国に一人いること。

そのことだけで、私は何か、救われたような気持ちになる。

（二〇〇八年六月、ルポライター）

この作品は平成十七年八月、ポプラ社より刊行された。

新潮文庫最新刊

佐伯泰英著
百年の呪い
新・古着屋総兵衛 第二巻

長年にわたる鳶沢一族の変事の数々。総兵衛は卜師を使って柳沢吉保の仕掛けた闇祈禱を看破、幾重もの呪いの包囲に立ち向かう……。

北原亞以子著
月明かり
慶次郎縁側日記

11年前に幼子の目前で刺殺された弥兵衛。あのとき、お縄を逃れた敵がいま再び江戸に舞い戻る。円熟と渾身の人気シリーズ初長篇。

加藤廣著
空白の桶狭間

桶狭間の戦いはなかった。裏で取り交わされたある密約と若き日の秀吉の暗躍。埋もれた真実をあぶりだす、驚天動地の歴史ミステリ。

諸田玲子著
巣立ち
お鳥見女房

長男の婚礼、次男の決断。嫁から姑へと変化する珠世に新たな波乱が待ち受ける。人情と機智に心癒される好評シリーズ第五弾。

佐江衆一著
動かぬが勝

われ還暦を過ぎ剣を志す。隠居剣士の奮闘と、日々の心を如実に映す剣の不思議。著者自らの経験を注いだ、臨場感抜群の剣豪小説集。

米村圭伍著
山彦ハヤテ

山野を駆ける野生児と一撃必殺の牙をもつ狼が、若き藩主を陥れるお家騒動の危機に挑む！ 友情と活力溢れる、新感覚時代小説。